AF357055

DE LA

MÉTHODE HISTORIQUE.

PARIS. — IMPRIMERIE D'AMÉDÉE GRATIOT ET Cᵉ,
Rue de la Monnaie, 11.

DE LA

MÉTHODE

HISTORIQUE.

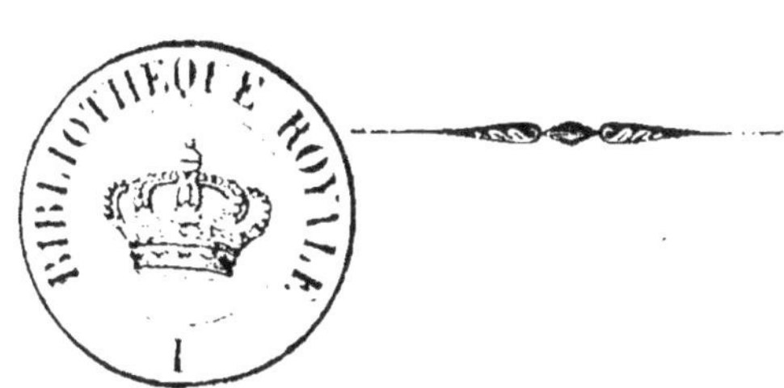

PARIS

M DCCC XL.

MÉTHODE HISTORIQUE.

En toute science, la première condition du progrès, c'est la méthode ; ou plutôt sans méthode il n'y a point de science : il n'y a que des notions superficielles et incohérentes, des ombres de connaissances. La science commence le jour où la méthode réunit, coordonne, féconde ces éléments dispersés, et porte la lumière dans ce chaos. Les esprits les plus éminents de l'antiquité avaient compris cette vérité[1], et c'est l'honneur immortel de Bacon de l'avoir enseignée aux temps modernes. Sans doute la méthode ne crée pas le génie, mais elle le guide et le soutient, et, en même temps qu'elle double la puissance des esprits supérieurs, elle

[1] Omnia fere, quæ sunt conclusa nunc artibus, dispersa et dissipata quondam fuerunt..... Adhibita est igitur ars quædam extrinsecus ex alio genere quodam, quod sibi totum philosophi assumunt, quæ rem dissolutam divulsamque conglutinaret, et ratione quadam constringeret. (Cic., *De Orat.* I, 12.)

est l'appui et la sauvegarde des esprits moyens, c'est-à-dire du plus grand nombre. Le talent et le génie appartiennent en propre aux hommes que la nature en a dotés ; la méthode se transmet, et, en se transmettant, se perfectionne : c'est l'instrument nécessaire du développement intellectuel, et chacun peut s'en servir, selon la mesure de ses forces, pour agrandir la science, ce patrimoine commun du genre humain.

S'il est vrai de dire que les différentes espèces de connaissances n'existent que par la méthode, cette vérité s'applique surtout à l'histoire, qui présente à l'esprit le plus exercé tant de chances d'erreur et de sujets d'incertitude. Ce n'est pas une œuvre facile de remonter les âges, de dégager la vérité historique de l'alliage qui s'y mêle trop souvent, d'apprécier les événements, leurs causes, leurs effets, et de s'approprier ainsi cette expérience des siècles, sans laquelle nous serions, selon l'expression de Cicéron, condamnés à une éternelle enfance [1]. De tels résultats ne peuvent être obtenus qu'à l'aide d'une méthode rigoureuse ; et c'est la nature, ce sont les procédés de cette méthode que je vais essayer de déterminer. Je ne parle point ici de l'*art d'écrire l'histoire*, art difficile, dont Lucien et Mably ont exposé les lois ; je parle du premier travail imposé à l'historien, de celui qui consiste à découvrir les sources, et à en extraire la science du passé.

Dans l'état actuel des connaissances historiques, la

---

[1] Nescire autem quid, antea quam natus sis, acciderit, id est semper esse puerum. Quid enim est ætas hominis, nisi memoria rerum veterum um superiorum ætate contexitur ? (Cic., *Orator*, 34.)

méthode est devenue plus nécessaire que jamais. Nous vivons dans un temps où l'on recherche, avec une ardente curiosité, les vestiges de ce qui n'est plus. C'est un besoin qui a coutume de se manifester dans ces époques de calme et d'organisation qui succèdent aux périodes agitées de révolutions ou de conquêtes. C'est ce qui arriva dans le monde grec, après le démembrement de l'empire d'Alexandre, **au temps** où Bérose fouillait les archives chaldéennes, où Manéthon produisait au grand jour les secrets de l'histoire égyptienne, jadis cachés au fond des temples. C'est ce qui arriva chez les Romains, quand le gouvernement impérial fut affermi sur sa base : Vespasien, après avoir rebâti le Capitole, y fit dresser trois mille tables d'airain, où il rassembla les titres dispersés des vieux âges, les sénatus-consultes, les plébiscites, les traités, et tous les actes authentiques qui remontaient presque à l'origine de Rome [1]. Dans les temps modernes, un fait analogue s'est passé en Angleterre, après la révolution de 1688 : le gouvernement nouveau fit fouiller tous les dépôts d'actes authentiques, et encouragea plusieurs publications importantes, entre autres le vaste recueil de Rymer. C'est ainsi que la France, après avoir longtemps exercé sur elle-même et sur l'Europe une action puissante et continue, s'arrête un instant dans la carrière,

[1] Ipse (Vespasianus) restitutionem Capitolii aggressus... ærearumque tabularum tria millia, quæ simul conflagraverant, restituenda suscepit : undique investigatis exemplaribus, instrumentum imperii pulcherrimum ac vetustissimum confecit ; quo continebantur pæne ab exordio urbis senatus-consulta, plebiscita de societate et fœdere ac privilegio cuicumque concessis. (Sueton. *Vespasian.* 8.)

et recueille ses souvenirs, avant de s'avancer vers un avenir inconnu. Temps heureux pour l'histoire, où chaque jour est marqué par quelque découverte, destinée à révéler un des secrets du passé! Mais il ne faut pas s'y tromper : plus les matériaux abondent, plus la méthode est nécessaire; il faut savoir discuter la valeur de ces documents, distinguer le vrai du faux, le principal de l'accessoire. Si la critique, d'une main sévère, n'émondait point les rameaux inutiles, la science trouverait un germe de mort dans ce qui lui promet une vie nouvelle, et succomberait sous le poids de sa propre fécondité.

En même temps que les matériaux se multiplient, le cadre de l'histoire s'agrandit. On ne se contente point aujourd'hui de savoir les faits matériels, ceux qui se sont passés sur la place publique, sur les champs de bataille ou dans l'intérieur des cabinets; on veut connaître les mœurs et l'esprit des peuples, leurs institutions, soit religieuses, soit politiques. Dès le seizième siècle, au moment où se ranimait l'étude de l'antiquité, Bodin recommandait à l'historien de tenir grand compte de tout ce qui se rapporte au gouvernement des états [1]. Un peu plus tard, Bacon réclamait l'histoire des sciences et des arts, comme complément de l'histoire politique. « Il faut rechercher, disait le philosophe, quels arts et quelles sciences ont fleuri, en quel temps et dans quel lieu; il faut connaître leur origine, leurs progrès, leurs migrations (car les sciences et les arts émigrent comme les peuples), puis leur déclin, leur chute et leur renais-

---

[1] Bodin, *Methodus ad facilem historiarum cognitionem*, cap. 6.

sance. Enfin, il faut savoir les révolutions intellectuelles, aussi bien que les révolutions politiques [1]. » Ces idées n'ont commencé à se réaliser que longtemps après Bacon ; mais aujourd'hui, grâce à de savants ouvrages, publiés tant en France qu'à l'étranger, elles sont devenues comme un axiome vulgaire, et la science historique paraîtrait bien incomplète, si, à travers les événements qui ont renouvelé le monde, elle ne nous montrait point la marche de l'esprit humain, et les progrès de ce grand être collectif, *qui subsiste toujours et apprend continuellement* [2].

L'histoire, ainsi conçue, n'est pas seulement destinée à satisfaire une oisive curiosité : c'est le dépôt de ce qu'il y a de bon, de vrai, d'utile dans les traditions humaines. Elle doit fournir de précieux documents au droit naturel, au droit des gens, au droit public, au droit civil, à l'économie politique, en un mot, à toutes les sciences qui sont comme les colonnes de l'édifice social. Mais c'est ici surtout qu'il faut reconnaître la nécessité de la méthode. Si l'on s'aventure au hasard dans la voie des inductions morales et politiques, dans quelles erreurs n'est-on pas exposé à tomber ? erreurs d'autant plus fatales qu'elles passent dans la pratique, et peuvent entraîner les plus grands malheurs. Il im-

[1] Ex omni memoria repetatur, quæ doctrinæ et artes, quibus mundi ætatibus et regionibus floruerint. Earum antiquitates, progressus, etiam peragrationes per diversas orbis partes (migrant enim scientiæ non secus ac populi), rursus declinationes, obliviones, instaurationes, commemorentur..... rerum intellectualium non minus quam civilium motus et perturbationes. (BACON, *de Augmentis scientiarum*, II, 4.)

[2] PASCAL, *Pensées*, partie I, art. 1.

porte donc de déterminer un ensemble de règles et de principes, en vertu desquels, une fois les faits constatés, il soit possible de les classer, de les interpréter, et d'en tirer la moralité qu'ils contiennent.

Chaque science a sa méthode qui lui est propre, et qui dérive de sa nature même. Dans les sciences physiques, l'objet que nous voulons étudier est sous nos yeux ; il nous est permis de le voir, de le toucher : nous employons la méthode d'observation. Dans la psychologie, l'objet que nous voulons connaître échappe aux regards du corps; mais nous le retrouvons dans la conscience, et l'observation ne fait que changer de théâtre. En histoire, au contraire, nous ne pouvons atteindre les faits ni par nos sensations, ni par nos souvenirs. Je ne parle point ici des faits contemporains, dont la somme est si légère à côté de la masse des faits antérieurs ; d'ailleurs, ceux mêmes qui ont assisté à un grand événement, n'en savent souvent qu'une bien faible part, et meurent sans l'avoir connu tout entier. Nous sommes donc réduits à nous en rapporter à la foi d'autrui, et à consulter des témoins. Les faits historiques, n'étant point perçus directement, ne sauraient jamais parvenir à ce point d'évidence et de certitude que portent avec eux les faits qui s'opèrent sous nos yeux, ou ceux qui s'accomplissent en nous-mêmes ; cependant ils peuvent arriver à un degré de vraisemblance et de probabilité tel, que le doute ne soit plus permis. En justice, le témoignage, à de certaines conditions, est regardé comme la preuve du fait; il en est le même à l'égard des événements passés. L'histoire, comme la société elle-même, repose sur la foi de l'homme dans l'homme.

Le premier soin de l'historien doit être de vérifier l'authenticité des faits par la critique des témoignages. Cette critique ne saurait être trop sévère, car il s'agit des fondements et de la substance même de la science. Mais quand cet examen est achevé, l'esprit travaille sur les matériaux recueillis. Il choisit dans les faits; il néglige les faits indifférents, qui sont les plus nombreux, pour s'attacher aux plus importants, à ceux qui ont le plus influé sur la marche des affaires humaines. Il les examine, les compare, en calcule la portée, établit entre eux des rapports de causes et d'effets. Il les généralise, c'est-à-dire que d'un certain nombre de faits particuliers il s'élève à l'idée générale d'un peuple ou d'une époque. Il fait plus : il arrive, par l'induction, à poser certaines lois historiques. La méthode qui convient à l'histoire doit donc réunir deux caractères différents : dans l'examen des sources, elle emprunte à la philologie sa critique patiente et laborieuse; dans l'appréciation des faits, elle applique aux événements passés les procédés ordinaires de la logique.

Avant d'examiner sur quelles autorités repose l'existence d'un fait, il faut le juger en lui-même, et voir s'il est conforme aux lois de la nature [1]. S'il leur est contraire, il ne faut point hésiter à l'écarter; car, comme l'a dit Laplace, la constance des lois naturelles est toujours plus probable que la véracité des témoigna-

---

[1] Volney, *Cours d'histoire, professé à l'École Normale en* 1795, 2ᵉ leçon.

ges[1]. Mais gardons-nous de confondre l'apparence avec la réalité : tel fait nous semble démenti par l'ordre général du monde, qui est seulement en désaccord avec l'état actuel de nos connaissances. Hérodote nous donne sur ce point un exemple à imiter. Après avoir exposé les principales circonstances du périple attribué aux Phéniciens, sous le règne du roi Néchos, il ajoute : « Les Phéniciens racontèrent, à leur retour, qu'en faisant voile autour de la Libye, ils avaient eu le soleil à leur droite. Ce fait ne me paraît nullement croyable, mais peut-être le paraîtra-t-il à quelque autre[2]. » Nous n'avons pas ici à nous prononcer sur la réalité du périple, qui a été souvent contestée ; mais s'il y a une preuve à faire valoir en faveur de l'expédition phénicienne, c'est précisément cette circonstance, qui paraissait inconcevable à Hérodote.

Quand on a considéré le fait dans son essence, il faut examiner les témoignages et les monuments qui l'appuient ou le combattent. La première espèce de témoignages qui se présente à l'historien, surtout quand il s'agit des époques les plus anciennes ou des peuples encore barbares, ce sont les témoignages non écrits, les *traditions*. Souvent toute une peuplade, toute une nation est persuadée de la vérité d'un fait, sans en avoir d'autre preuve que sa persuasion même et celle des générations précédentes : voilà la tradition. C'est ainsi

---

[1] LAPLACE, *Théorie analytique des probabilités*, Introduction, page xliij.

[2] Ἔλεγον, ἐμοὶ μὲν οὐ πιστὰ, ἄλλῳ δὲ δή τεῳ, ὡς περιπλώοντες ἐς τὴν Λιβύην, τὴν ἥλιον ἔσχον ἐς τὰ δεξιά. (HÉRODOTE, IV, 42.)

que les Romains croyaient descendre des Troyens, opinion tellement enracinée dans le peuple de Rome qu'elle
s'est perpétuée à travers les siècles, et qu'on entend
encore aujourd'hui, dans Rome moderne, les Trans-
téverins s'écrier avec orgueil : *Nous sommes du sang
troyen*[1] !

Partout l'histoire débute par des récits merveilleux,
que la poésie a revêtus de ses couleurs, et qui se sont
transmis de bouche en bouche, longtemps avant d'être
écrits[2]. « Il y a, dit Pasquier, en chaque république,
plusieurs histoires que l'on tire d'une longue ancienneté,
sans que l'on en puisse sonder la vraye origine ; et toute-
fois on les tient non seulement pour véritables, mais
pour grandement auctorisées et sacro-sainctes. De telle
marque en trouvons-nous plusieurs, tant en Grèce
qu'en la ville de Rome ; et de cette mesme façon avons-
nous presque tiré entre nous l'ancienne opinion que
nous eusmes de l'auriflame, l'invention de nos fleurs
de lys, que nous attribuons à la divinité, et plusieurs
autres telles choses, lesquelles, bien qu'elles ne soient
aidées d'autheurs anciens, si est-ce qu'il est bien séant à
tout bon citoyen de les croire pour la majesté de l'empire[3]. » Assurément, la première règle de critique à
l'égard des traditions, est de n'en admettre aucune
pour la majesté de l'empire ; et Pausanias avait raison,
quand, après avoir raconté des prodiges que son esprit

[1] Semo Romani, per Dio! Semo sangue Troiano! (MICALI, cité par
M. LE CLERC, *Mémoire sur les annales des Pontifes*, p. 161.)

[2] Datur hæc venia antiquitati, ut, miscendo humana divinis, primordia
urbium augustiora faciat. (TITE-LIVE, præfat.)

[3] E. PASQUIER, *Recherches de la France*, VIII, 21.

ne pouvait admettre, il disait avec franchise : « Je suis obligé de rapporter toutes les traditions répandues parmi les Grecs, mais je ne suis pas obligé d'y croire [1]. »

La tradition est suspecte à la critique, non seulement par ce qu'elle admet volontiers le merveilleux, l'impossible, mais parce qu'elle est essentiellement variable de sa nature. Combien de transformations n'a-t-elle point subies jusqu'au moment où elle a été recueillie et fixée par l'écriture ! Chaque génération n'a-t-elle pas dû l'embellir ou l'altérer, selon ses idées et ses passions? Supposons, dit Volney, qu'il ne nous reste aujourd'hui aucun monument authentique, aucun document écrit sur le règne de Louis XIV : que l'on aille dans les campagnes, et même dans les villes, recueillir les traditions des anciens sur les événements du xviie siècle et des premières années du xviiie ; on ne trouvera que des récits confus, incomplets, contradictoires. Et Volney arrive à cette conclusion : Si la tradition s'altère si vite chez les peuples civilisés, combien n'a-t-elle pas dû s'altérer davantage chez les peuples qui n'étaient point sortis de la barbarie [2]! J'avoue que je ne puis partager entièrement l'opinion du savant critique. Je sais combien il faut se défier des récits populaires de toutes les époques ; mais je crois que les peuples illettrés sont en général meilleurs gardiens de la tradition que les peuples civilisés : ils s'attachent plus religieusement à la transmettre telle qu'ils l'ont reçue ; car leur instinct

---

[1] Ἐμοὶ μὲν οὖν λέγειν τὰ ὑπὸ Ἑλλήνων λεγόμενα ἀνάγκη· πείθεσθαι δὲ πᾶσιν οὐκ ἔστιν ἀνάγκη. (PAUSANIAS, *Eliac.*)

[2] VOLNEY, *Cours d'histoire*, 3ᵉ leçon.

les avertit qu'ils n'ont pas d'autre moyen de conserver
le souvenir du passé. Au contraire, dès qu'il existe un
mode assuré de retenir, année par année, jour par
jour, les événements accomplis, on sent qu'on peut les
oublier impunément. N'est-ce pas ce qui nous arrive à
nous-mêmes, et ne suffit-il pas souvent qu'un fait soit
inscrit sur nos tablettes, pour qu'il s'efface de notre mémoire ? Jadis, dans les tribus écossaises, les gens du
plus bas étage savaient par cœur toute leur généalogie ;
quand les naissances furent régulièrement enregistrées
dans les paroisses, les familles plébéiennes oublièrent les
noms de leurs aïeux.

Il y a certaines circonstances qui ajoutent à l'intérêt
et à l'importance des traditions : c'est surtout lorsqu'un
peuple a été expulsé, par la guerre, du pays qu'il occupait. Alors les monuments qui s'élèvent ne rappellent
que la gloire des vainqueurs; l'histoire officielle s'écrit
sous leur dictée. Mais si l'on veut connaître le génie et
la destinée des populations vaincues, ne faut-il pas les
suivre dans ces forêts, sur ces montagnes qui leur ser-
vent d'asile contre la conquête, et où se conserve,
comme un trésor sacré, le dépôt des traditions natio-
nales ? Le célèbre auteur de la *Conquête de l'Angleterre*
ne s'est pas contenté de compulser les vieux registres
et les chroniques normandes : il s'est inspiré des légendes
et des traditions populaires ; c'est là qu'il a puisé ces
vives couleurs dont il a peint la race anglo-saxonne.
Saurait-on bien l'Espagne au moyen-âge, si l'on igno-
rait ces romances que chantaient les fils des Goths, en
allant combattre les Maures ou après les avoir vaincus?
Pour se faire une idée complète de l'état de la Grèce

sous la domination des Turcs, suffit-il d'étudier les historiens ottomans et même les relations grecques? Ne faut-il pas, avant tout, consulter ces chants populaires qu'une main savante a récemment recueillis[1], et que le Klephte transmettait jadis à ses enfants, avec les armes destinées à affranchir la patrie?

Cependant, quel que soit le charme attaché à ces traditions, la critique ne peut abdiquer ses droits en leur faveur. Si l'orgueil et la tyrannie des vainqueurs altèrent trop souvent les sources de l'histoire, le patriotisme et l'amour de la liberté ont aussi leurs fraudes pieuses, dont il faut savoir se défier. D'ailleurs, ces chants portent nécessairement l'empreinte de l'imagination populaire qui les a créés et qui les perpétue : ils abondent en circonstances extraordinaires ; à chaque instant, ils font intervenir dans les affaires humaines quelque puissance surnaturelle : c'est de la poésie toute pure. Or, de la poésie à l'histoire, il y a, comme dit Lucien, deux fois l'intervalle qui sépare en musique le ton le plus haut du plus bas[2]. Il faut donc pénétrer jusqu'à la réalité des faits, à travers la forme poétique dont ils sont enveloppés. Travail délicat et plein de péril ! car qui nous répond de toujours frapper juste, et, après avoir brisé le vase, de recueillir toute la liqueur qu'il contenait? La tradition est le meilleur guide que nous puissions choisir, si nous voulons retrouver les mœurs, l'esprit et le langage des anciennes populations;

[1] *Chants populaires de la Grèce moderne*, publiés par M. Fauriel.

[2] Τὸ τῶν μουσικῶν δὴ τοῦτο δὶς διὰ πασῶν ἐστι πρὸς ἄλληλα. (Lucien, *Quomodo historia conscribenda sit*, 7.)

mais elle ne peut suffire pour établir les faits, ni
pour déterminer l'ordre dans lequel ils se sont passés,
et nous nous hâtons d'arriver aux véritables fondements
de l'histoire, aux monuments et aux témoignages écrits.

On comprend sous le nom de *monuments* tous les objets matériels qui nous restent des siècles passés : armes,
ustensiles, meubles, vêtements, ornements de toute
espèce, figures peintes ou sculptées, édifices conservés
ou en ruines, monnaies, médailles, inscriptions, chartes, diplômes, correspondances officielles, instructions
secrètes. Les monuments sont en histoire ce que sont les
pièces de conviction dans un procès criminel : le juge
doit les examiner avec attention, avant d'interroger les
témoins.

Pour qu'un monument puisse éclairer l'histoire, il
faut d'abord qu'il soit authentique, c'est-à-dire qu'il
appartienne réellement à l'époque, au lieu, aux faits,
aux personnages auxquels on prétend le rapporter.
Hérodote raconte que, pendant son séjour à Thèbes, les
prêtres l'introduisirent dans un vaste édifice, où se trou-
vaient autant de colosses de bois qu'il y avait eu de
grands-prêtres : il y en avait trois cent quarante-cinq.
« Ils les comptèrent, dit-il, en remontant depuis le
dernier mort jusqu'au premier, et ils me les mon-
trèrent comme s'étant succédé de père en fils [1]. » Avant
de donner pour un fait prouvé l'existence de ces
grands pontifes, qui se seraient ainsi régulièrement

---

[1] Ἀριθμέοντες ὦν καὶ δεικνύντες οἱ ἱρέες ἐμοί, ἀπεδείκνυσαν παῖδα πατρὸς
ἑωυτῶν ἕκαστον ἐόντα, ἐκ τοῦ ἄγχιστα ἀποθανόντος τῆς εἰκόνος, διεξιόντες διὰ
πασέων, ἕως οὗ ἀπέδεξαν ἁπάσας αὐτάς. (HÉRODOTE. II, 143.)

succédé, pendant un espace de plus de dix mille ans, il fallait commencer par établir l'authenticité de ces statues. C'est ce qu'Hérodote aurait pu demander aux prêtres qui l'accompagnaient. Il est probable que les trois cent quarante-cinq colosses n'auraient pas résisté à l'examen, et que la généalogie des pontifes égyptiens se serait écroulée avec le monument destiné à lui servir de base.

Souvent on se trompe sur la date d'un monument, dont la réalité est d'ailleurs incontestable. On faisait remonter à vingt ou trente siècles et plus avant Jésus-Christ la construction des zodiaques égyptiens, et celle des temples où ils avaient été trouvés ; mais les preuves astronomiques de ces assertions ont été réduites à leur juste valeur, par des hommes dont le nom fait autorité dans la science [1] ; et l'archéologie a retrouvé la date véritable de la construction des temples, en déchiffrant les inscriptions gravées sur ces monuments. Le *pronaos* du temple de Nephthys, à Dendérah, est consacré au salut de Tibère [2]. Dans le petit temple d'Esné, qu'on croyait encore plus ancien que celui de Dendérah, il y a une colonne sculptée et peinte la dixième année du règne d'Antonin, l'an 147 de l'ère chrétienne [3]. Ainsi tombent les inductions historiques qui reposaient sur

---

[1] Delambre, *rapport* imprimé dans les *Nouvelles annales des voyages*, T. VIII.—G. Cuvier, *Discours sur les révolutions de la surface du globe.*

[2] M. Letronne, *Recherches pour servir à l'histoire de l'Égypte pendant la domination des Grecs et des Romains, tirées des inscriptions grecques et latines*, p. 172 et suiv.

[3] M. Letronne, *Recherches pour servir à l'histoire de l'Égypte*, p. 147 et suiv.

l'antiquité exagérée des zodiaques et des temples égyptiens. Remarquons aussi que certains monuments ont été
restaurés à plusieurs époques, et ne confondons point
les inscriptions restituées avec les inscriptions primiti-
ves. On peut croire que la colonne Duilienne a été ré-
tablie sous les Empereurs [1], et M. Letronne a prouvé
que l'inscription du *pronaos* d'Antæopolis, gravée sur
le listel de la corniche sous le règne de Ptolémée Philo-
métor, a été transportée sur l'architrave sous Vérus et
Marc-Aurèle [2].

Ce n'est pas assez qu'un monument soit authentique,
il faut encore qu'il soit l'expression fidèle de la vérité.
En effet, la pierre ou l'airain peuvent mentir. Une
inscription, citée par Grüter, représente Titus comme le
premier qui se soit emparé de Jérusalem : *Gentem Ju-
dæorum domuit, et urbem Hierosolymam, omnibus ante se
ducibus, regibus, gentibusque aut frustra petitam, aut om-
nino intentatam, delevit* [3]. Le fait est vrai quant aux Romains; car Pompée, que Cicéron a décoré du titre
de *hierosolymarius* [4], a pris d'assaut le temple et non la
ville [5]. Mais longtemps avant Pompée, Jérusalem avait
cédé à la force des armes, et le roi des Chaldéens, Nabu-
chodonosor, ne l'avait point assiégée en vain [6]. L'in-

---

[1] M. V. Le Clerc, *Mémoire sur les annales des Pontifes*, p. 17.

[2] M. Letronne, *Recherches pour servir à l'histoire de l'Égypte*, pag. 42.

[3] Gruter, *Inscriptionum Romanarum corpus*, p. 244.

[4] Cicéron, *ad Attic. Epist.* II, 9.

[5] Fl. Joseph, *Antiquités judaïques*, XIV, 8.

[6] Jérémie, chap. XXXIX. — Fl. Joseph, *Antiquités judaïques*, X, 11.

scription romaine n'a donc point dit toute la vérité. Les médailles de Gallien le représentent avec les attributs de la paix et de la victoire : c'était le temps où les Barbares insultaient les frontières, et où les *trente tyrans* se disputaient les provinces[1]. Les fils du grand Théodose, Arcadius et Honorius, spectateurs impuissants du démembrement de l'Empire, sont toujours heureux et invincibles dans les inscriptions[2]. Quelquefois les médailles, en constatant un fait réel, n'en donnent pas la date exacte. Le sacre de Louis XIV eut lieu le 7 juin 1654, et cependant les médailles frappées à l'occasion de cet événement en fixent la date au 31 mai. C'est qu'elles avaient été frappées d'avance, et que la cérémonie fut retardée de huit jours[3]. Quelquefois l'événement est venu donner un démenti complet au témoignage numismatique. En 1741, pendant la guerre des Anglais contre les colonies espagnoles, tandis qu'on frappait, en Angleterre, des médailles qui attestaient la prise de Carthagène, l'amiral Vernon levait le siége de la place[4].

Consultées avec discernement, les médailles anciennes peuvent être d'un grand secours pour éclaircir

[1] J. F. Vaillant, *Numismata Imperatorum Romanorum*.

[2] Gruter, *Inscript. Roman. corpus*, p. 287.

[3] Il existe des médailles qui portent la date véritable du sacre de Louis XIV; mais ces médailles ont été frappées longtemps après l'événement, quand le roi fit faire l'histoire métallique de son règne.

[4] La Bibliothèque royale possède trois médailles différentes qui désignent l'amiral Vernon comme vainqueur de Carthagène : *Who took Carthagena, april,* 1741. Le résultat du bombardement s'était réduit à la ruine de quelques fortifications.

quelques points douteux d'histoire et de chronologie [1]. C'est à l'aide de ces monuments que Vaillant a rectifié les annales des Séleucides, des Ptolémées, des Arsacides, et de tous ces rois d'Orient qui se sont partagé l'héritage d'Alexandre [2]. Le surnom de *Philhellène*, qu'on lit encore sur quelques médailles des Arsacides [3], prouve que la conquête macédonienne n'avait point été stérile, et que, même dans la Haute-Asie, l'influence des idées grecques avait survécu au démembrement de l'empire. Les monnaies des villes grecques de l'Asie-Mineure attestent les hommages que les provinces romaines rendirent au sénat, sous la république et même au commencement de l'empire. Cet ordre puissant, auquel Cicéron décerne le titre de *très-saint* [4], le sénat romain fut mis au nombre des dieux. Il existe dans le cabinet de Florence une médaille frappée à Smyrne, où l'on voit d'un côté le type ordinaire de la ville de Rome, une tête de femme ornée d'un casque, avec ces mots : ΘΕΑΝ ΡΩΜΗΝ ; et sur le revers une tête semblable à celle d'Apollon, ceinte d'un diadème, avec cette légende : ΘΕΟΝ ΣΥΝΚΛΗΤΟΝ [5]. Une autre médaille, qui appartient aussi à la ville de Smyrne, nous montre le

---

[1] E. Spanheim, *De præstantia et usu numismatum antiquorum.* — Eckhel, *De doctrina nummorum veterum.*

[2] J. F. Vaillant, *Seleucidarum Imperium, sive historia regum Syriæ ad fidem numismatum accommodata.* — *Historia Ptolemæorum, Ægypti regum.* — *Imperium Arsacidarum et Achæmenidarum.*

[3] E. Spanheim, *De præstantia et usu numismatum antiquorum* T. I, p. 449.

[4] Sanctissimus ordo. (Cic. *pro Dejotaro*, 3.)

[5] E. Spanheim, *De præst. et usu numism.* T. I. p. 139.

2

sénat associé aux honneurs divins que les villes d'Asie rendaient à Livie et à Tibère [1]. Ce monument confirme le témoignage de Tacite [2], et prouve que l'autorité du sénat n'avait point péri tout entière avec la république. Il y a, dans l'histoire des empereurs, une période sur laquelle nous ne possédons que des documents confus et incomplets : c'est celle des *trente tyrans*. Les médailles nous font connaître la plupart de ces usurpateurs, avec leurs noms, leurs surnoms, et les titres divers qu'ils se sont arrogés [3]. Un peu plus tard, les monnaies de Carausius et d'Allectus déposent de l'abaissement de l'empire [4]. Les médailles de Constantin, en conservant à cet empereur le vieux titre de *pontifex maximus* [5], prouvent que l'édit de Milan avait donné la liberté au christianisme, mais n'en avait point fait la religion de l'Etat. Ainsi la numismatique vient en aide à l'histoire, et supplée quelquefois à son silence.

Les inscriptions ne sont pas une source moins fé-

---

[1] E. SPANHEIM, ibid.

[2] Decrevere Asiæ urbes templum Tiberio matrique ejus ac senatui. (TACITE, *Annal.* IV, 15.)

[3] Exortos Valeriani et Gallieni temporibus tumultuarios illos Cæsares vel tyrannos, paucis admodum exceptis, exhibent antiqui nummi, ita quidem ut ex iis qui vel Augusti vel Cæsares sint declarati, aut qui se pro talibus tulerint, aut quibus iidem nominibus et cognominibus fuerint distincti, non aliunde certius hodie nobis constet. (E. SPANHEIM, *De præst. et usu numism.* T. II, p. 259.)

[4] Allectum, Carausii socium, eo per dolum circumvento et occiso, non solum Britannias per triennium, quod de illo Eutropius, tenuisse, sed summa imperii insignia ab eo quoque absumpta, docent nummi. E. SPANHEIM, T. II, p. 265.)

[5] M. MIONNET, *Médailles romaines,* T. II, p. 223.

conde de renseignements historiques, pourvu qu'on ait soin d'écarter celles qui sont apocryphes ou mensongères, et celles dont le sens est douteux. Souvent une ligne gravée sur un tombeau, sur la base d'une statue ou sur le fronton d'un édifice, nous révèle une date, un nom, un fait curieux, omis dans de volumineuses relations. Mais les inscriptions les plus instructives sont celles qui nous présentent le texte d'une loi, d'un traité, ou de tout autre acte authentique. Parmi les monuments, malheureusement trop rares, de cette espèce, on peut citer le traité conclu entre les habitants de Smyrne et ceux de Magnésie, pour soutenir le roi de Syrie, Seleucus Callinicus [1]; le contrat grec que M. Bœckh a publié pour le première fois en 1821 [2], et qui a fait ajouter à la liste des Lagides le nom de Ptolémée Eupator [3]; la requête des prêtres d'Isis à Ptolémée Evergètes II [4]; le décret des habitants de Busiris en l'honneur de Néron [5]; le sénatus-consulte contre les Bacchanales [6]; celui qui fut rendu à l'avénement de Vespasien,

---

[1] H. Prideaux, *Marmora Oxoniensia*, p. 1.

[2] M. Bœckh, *Erklaerung einer Ægyptischen Urkunde auf Papyrus in Griechischer Cursivschrift, vom Iahre* 104 *vor der christlichen Zeitrechnung.* Berlin, 1821.

[3] *Journal des Savants*, 1821, p. 536. — *Biographie universelle*, art. *Ptolémée Eupator*, par Saint-Martin.

[4] M. Letronne, *Recherches pour servir à l'histoire d'Égypte*, p.297 et suiv.

[5] Id. pag. 388 et suiv.

[6] Aussitôt qu'un sénatus-consulte avait été rendu, il était envoyé dans toutes les parties de l'empire, et les magistrats devaient le faire graver aussitôt sur des tables de bronze. C'est une de ces copies authentiques du sénatus-consulte contre les Bacchanales, qui a été trouvée dans la Calabre, et qui est aujourd'hui dans le Musée de Vienne.

et fixa les limites de son pouvoir[1] : monument précieux, qui prouve que la loi royale est une invention des jurisconsultes, et qu'Auguste, comme ses successeurs, a été seulement dispensé d'obéir à certaines lois[2]. Tels sont encore ces fragments connus sous le nom de *Tables d'Héraclée*, que l'on pourrait appeler de véritables *Pandectes municipales*, si l'inscription avait été conservée tout entière[3] ; ces tablettes de bronze que l'on délivrait aux soldats en leur donnant leur congé[4] ; enfin ces nombreuses inscriptions qui ont été découvertes dans les villes de l'ancienne Narbonnaise, et qui ont servi à démontrer la perpétuité du droit romain dans les provinces méridionales de la Gaule[5].

L'inscription célèbre trouvée dans l'île de Paros, est un monument d'un genre particulier. Gravée sous l'archontat de Diognète, qui correspond à l'an 263 avant Jésus-Christ, elle remonte jusqu'à Cécrops, qu'elle fait régner à Athènes 1318 ans avant l'époque où elle a été écrite[6]. C'est donc un monument, non des faits qu'elle

---

[1] Une table de bronze, trouvée à Rome sous Clément VI, vers le milieu du xive siècle, contient un fragment du sénatus-consulte rendu en faveur de Vespasien. Ce monument est à Rome dans le musée Capitolin.

[2] Beaufort, *La République romaine*, III, 7.

[3] Alex. Sym. Mazocchi, *Commentarii in æneas tabulas Heracl.* p. 289 et sq.

[4] Haubold, *Juris Romani testimonia de militum honesta missione, quæ in tabulis æneis supersunt, illustrata.*

[5] M. Fauriel, *Histoire de la Gaule méridionale.* — Raynouard, *Histoire du Droit municipal.* — De Savigny, *Histoire du Droit romain au moyen âge.*

[6] H. Prideaux, *Marmora Oxoniensia.*

rappelle, mais de la science historique au troisième siècle avant notre ère ; c'est un système chronologique, fixé
sur le marbre. Cette inscription a été utile aux savants
modernes ; elle a jeté quelque lumière dans les ténè-
bres de l'histoire primitive. Mais il ne faut point s'exagérer la valeur des indications qu'elle contient : elle ne
peut faire autorité que pour les événements les plus voi-
sins du temps où elle a été rédigée. Quant au reste,
depuis Cécrops jusqu'à la prise de Troie et même au
delà, tous ces faits, ainsi que leurs dates, sont purement traditionnels, et doivent être par conséquent
soumis à toutes les règles de critique prescrites pour
l'examen des traditions.

Les actes authentiques, si rares pour l'histoire de
l'antiquité, deviennent plus nombreux à mesure que l'on
s'approche des temps modernes. Combien de curieuses
notions éparses dans ces chartes, dans ces diplômes que
le moyen âge nous a transmis ! Les chartes ont, en histoire, l'autorité qui appartient, dans un procès, aux
preuves par écrit. Ce sont les meilleurs témoignages
que l'on puisse invoquer en faveur d'un fait [1]. C'est là
qu'il faut aller chercher les plus solides fondements de
la certitude historique. Mais là, comme ailleurs, on doit
se tenir en garde contre l'erreur ou le mensonge. L'art
de déchiffrer les diplômes, et d'en apprécier la valeur,
est une de ces sciences auxiliaires dont l'historien ne
peut se passer. Mabillon l'a créé au XVIIe siècle [2], et

---

[1] Indisputabile testimonium vox antiqua chartarum. (CASSIODORE, *Va-
riar.* XII, 21.

[2] MABILLON, *De Re diplomatica*, 1681.

deux religieux du même ordre ont continué l'œuvre, au siècle suivant [1]. Les Bénédictins doivent nous servir de guide dans le labyrinthe de la diplomatique : ils nous ont soigneusement indiqué à quel signe on peut reconnaître qu'une charte est authentique ou supposée. On leur a cependant reproché, avec raison, de s'être montrés trop indulgents pour quelques priviléges monastiques, antérieurs au xe siècle. Ils devaient à leur position et au temps où ils vivaient, certains ménagements auxquels la critique n'est plus assujettie de nos jours. Alors toutes ces chartes n'étaient point des lettres mortes, sans influence sur le monde contemporain. La jouissance de plus d'un riche domaine reposait encore sur ces diplômes, dont quelques-uns remontaient aux premiers siècles de la monarchie. Aussi Mabillon disait-il : « Un titre doit être jugé favorablement, toutes les fois qu'il est confirmé par une longue possession ; ainsi l'ordonnent les lois civiles et canoniques [2]. » Excellente maxime, en effet, quand il s'agit d'un intérêt actuel ! En matière civile, la prescription est le salut de la société. Mais cet axiome n'est point admis dans la science, et il n'y a point de prescription contre la vérité. Maintenant que tous ces vieux titres n'appartiennent plus qu'au passé, nous n'avons à les juger que sous le rapport historique. D'ailleurs de nouvelles découvertes

---

[1] *Nouveau Traité de Diplomatique*, par deux religieux Benédictins de la congrégation de Saint-Maur, 1750.

[2] Semper judicandum in partem favorabilem, ubi res longa possessione firmata est, ut leges civiles et canonicæ præcipiunt. (MABILLON, *De re diplomatica*, III, 6.)

ont été faites ; chaque jour, des chartes inconnues se retrouvent dans les dépôts publics ou dans les collections particulières. Les objets de comparaison s'étant multipliés, les règles anciennes ont dû se modifier, et, tout en profitant de l'immense savoir des Bénédictins, la diplomatique doit être aujourd'hui plus indépendante et plus sévère qu'elle ne pouvait l'être dans les derniers siècles.

A mesure qu'on s'avance dans l'histoire moderne, les actes publics deviennent à la fois plus nombreux, plus authentiques et plus faciles à déchiffrer. Aux époques les plus rapprochées de nous, il n'y a guère de lois ou de traités dont la minute ne soit conservée dans les chancelleries européennes. Nous sommes donc, au moins pour les derniers siècles, en possession des véritables matériaux de l'histoire. Cependant, quelque confiance que nous inspire le texte d'une loi ou d'un traité, il ne faut pas toujours le prendre à la lettre ; car qui nous répond que ce texte a été scrupuleusement respecté dans l'exécution ? Quelquefois un traité n'est observé qu'en partie ; quelquefois il ne l'est point du tout. On sait comment Louis XI exécutait les traités qu'il n'avait point jurés sur la croix de Saint-Lô. En dépit du traité de Madrid, François Ier a gardé la Bourgogne. Quelquefois au contraire, au lieu de rester en deçà du traité, on va au-delà : après la paix de Nimègue, Louis XIV ne s'est-il point adjugé, par le moyen des *chambres de réunion*, des conquêtes qui n'avaient point été explicitement stipulées dans les traités ? Il en est de même des édits, des ordonnances. La loi a été rendue, le fait est certain ; mais comment a-t-elle été exécutée ? Les lois

somptuaires ont toujours été mal observées, tandis que
les lois de proscription ont été, la plupart du temps,
aggravées dans l'exécution. Les relations contemporaines·
sont donc l'indispensable commentaire du texte des lois
et des traités.

Les *discours* peuvent être comptés parmi les monuments, lorsqu'ils nous ont été transmis tels qu'ils ont
été prononcés, comme le discours de Claude, dont on
a retrouvé des fragments, à Lyon, sur des tables de
bronze [1]. Mais les discours officiels ne contiennent souvent qu'une partie de la vérité, et l'on doit leur préférer
les correspondances secrètes entre un gouvernement et
ses agents, quand les lettres originales ont été conservées.
Bacon, qui avait passé une partie de sa vie dans les affaires, a compris toute la valeur de ces documents, et
il les recommande comme la source la plus pure de
renseignements historiques [2]. En effet, c'est là seulement
qu'on parvient à pénétrer le caractère des hommes politiques, les motifs secrets de leur conduite, et le but
réel de leurs actions. Combien de précieuses révélations
ne trouve-t-on point sur le règne de Marie, fille de
Henri VIII, dans la correspondance de M. de Noailles,
ambassadeur de France à la cour d'Angleterre, corres-

---

[1] Gruter, *Inscriptionum Romanarum corpus*, p. 502.

[2] Habent enim epistolæ plus nativi sensus quam orationes, plus etiam
maturitatis quam colloquia subita. Eædem, quando continuantur secundum seriem temporum (ut fit in illis quæ a legatis, præfectis provincia-
rum et aliis imperii ministris ad reges vel senatus, vel alios superiores
suos mittuntur, aut vicissim ab imperantibus ad ministros), sunt certe ad
historiam præ omnibus pretiosissima supellex. (Bacon, *De augment.
scient.* II, 12.)

pondance que Hume avait ignorée et dont Lingard s'est servi avec succès ! Nous apprenons, par les instructions du cardinal Mazarin aux plénipotentiaires français à Munster, que la succession d'Espagne était une des pensées de la diplomatie française, quatorze ans avant le mariage de Louis XIV avec l'infante Marie-Thérèse, et cinquante-cinq ans avant l'entrée de Philippe V dans Madrid[1].

Au commencement de ce siècle, quand Fox vint à Paris, après la paix d'Amiens, il s'occupait d'une histoire de Jacques II. Il obtint du premier Consul la permission, qui s'accordait alors fort rarement, de consulter les archives des affaires étrangères. Avec quel transport de joie il y trouva la correspondance de M. de Barillon, ambassadeur de Louis XIV en Angleterre ! Comme il était fier de cette découverte, qu'il appelait *sa conquête*, dans une lettre à lord Holland. Il y avait en effet dans cette correspondance la preuve de certains faits qu'on s'était borné à soupçonner : on y trouvait l'état des sommes que Louis XIV avait fait passer à Jacques II, au moment où le dernier des Stuarts déclarait, dans la chambre des communes, qu'il portait un cœur vraiment anglais. De telles révélations éclairent l'histoire d'un jour tout nouveau, en faisant tomber les vaines apparences, et en nous montrant des hommes là où nous n'avions vu que des masques de théâtre.

Ces documents sont d'autant meilleurs à connaître, qu'ils n'étaient point destinés à être connus. Et cepen-

---

[1] *Négociations relatives à la succession d'Espagne sous Louis XIV*, publiées par M. Mignet, T. I, p. 33.

dant celui qui les a consultés ne possède point encore
la vérité tout entière. Il y a des choses que les hommes
ne disent point, même dans une lettre confidentielle,
parce qu'ils savent que les correspondances les plus
secrètes peuvent tomber un jour dans le domaine public.
C'est ce que Louis XIV avait prévu, quand il écrivait au
comte d'Estrades, son ambassadeur en Hollande. « Ce
qui peut être tenu secret pendant quelque temps, ne le
saurait être pour toujours, ni être caché à la postérité.
En tous cas, il y a de certaines choses qui sont bonnes
à faire et mauvaises à mettre par écrit [1]. » L'historien
ne peut donc se flatter de tout connaître, même en
consultant les monuments les plus authentiques. Il y a
des mystères qui échappent à toutes les investigations
humaines, et qu'il n'appartient qu'à Dieu de pénétrer.

Après les monuments, viennent les relations écrites,
et, au premier rang, celles qui portent un caractère offi-
ciel : tels sont les actes des conciles, les registres judi-
ciaires, les procès-verbaux des assemblées politiques.
Nous voulons parler, non des décrets et des jugements,
dont les textes originaux sont de véritables monuments,
mais des récits que ces assemblées elles-mêmes nous ont
laissés de leurs délibérations. Les relations officielles,
si précieuses sous quelques rapports, peuvent cependant
nous égarer : on doit craindre qu'elles n'omettent certaines choses, qu'elles n'en exagèrent d'autres, dans
l'intérêt de la puissance dont elles émanent [2]. Dans une

[1] *Négociations relatives à la succession d'Espagne*, T. I, p. 224.
[2] M. Daunou, *Cours d'histoire, professé au Collége de France en
1822.*

assemblée politique, le procès-verbal est l'œuvre de la majorité : aux époques de calme il pourra être rédigé avec une impartiale exactitude; mais dans les temps de troubles et de combats, il portera l'empreinte du parti dominant. Le bulletin d'une bataille est écrit sous la dictée du général qui l'a gagnée ou perdue; ce n'est pas toujours là qu'on doit chercher le chiffre véritable des morts et des prisonniers.

A côté des relations officielles, écrites en présence de l'événement, se placent les chroniques rédigées au nom de l'État, comme chez les Perses ces *annales royales* où Ctésias puisa les matériaux de son histoire [1], à Rome les *Grandes Annales* ou *Annales des Pontifes* [2], et chez nous, les *Grandes chroniques de Saint-Denis*. Ces chroniques, écrites au moment où la société s'essaie à sortir de la barbarie, recueillent et consacrent plusieurs traditions populaires, et ne doivent par conséquent être admises qu'avec réserve. Elles ne contiennent d'ailleurs qu'un petit nombre de faits, sèchement racontés, sans autre lien que l'ordre chronologique. Quand les relations sociales sont devenues plus nombreuses et plus compliquées, on ne se contente point du récit annuel des événe-

---

[1] Ἐκ τῶν βασιλικῶν διφθερῶν, ἐν αἷς οἱ Πέρσαι τὰς παλαιὰς πράξεις, κατά τινα νόμον, εἶχον συντεταγμένας. (Diodore, II.) — Cf. Esdras, VI, 1 et suiv.; Esther, VI, 1.

[2] Erat enim historia nihil aliud nisi annalium confectio : cujus rei memoriæque publicæ retinendæ causa, ab initio rerum Romanarum usque ad P. Mucium pontificem maximum, res omnes singulorum annorum mandabat litteris pontifex maximus, efferebatque in album, et proponebat tabulam domi, potestas ut esset populo cognoscendi; hique etiam nunc Annales maximi nominantur. (Cic., *De orat.* II, 12.)

ments importants : on veut qu'il reste de chaque jour un souvenir particulier. C'est ainsi que dans l'ancienne Rome, aux annales des pontifes ont succédé les journaux, *acta diurna*, qui ont été récemment l'objet d'un si savant et si ingénieux travail. Le petit nombre de fragments authentiques qui nous restent de ces journaux prouvent qu'ils pouvaient fournir à l'histoire des matériaux qui n'étaient point à dédaigner.

Les journaux romains appartenaient au pouvoir : Domitien défendait qu'on y inscrivît le nom de ses victimes; Commode y faisait insolemment enregistrer toutes ses infamies[1]. Ils parlaient ou se taisaient au gré de l'autorité. Il en fut de même des premières gazettes vénitiennes, et de celles que le médecin Théophraste Renaudot publia en France sous le ministère du cardinal de Richelieu. La Hollande, qui avait devancé le reste de l'Europe dans la carrière de la liberté, eut la première des journaux libres, comme ces gazettes de Leyde, d'Utrecht et d'Amsterdam, qui allumèrent si souvent la colère de Louis XIV. Les droits de la presse triomphèrent en Angleterre, par l'avénement de Guillaume III. Partout où prévalut la cause de la liberté, l'opinion publique eut des organes, et déposa devant l'histoire.

Pour que la presse puisse jeter quelque lumière sur le passé, il faut qu'elle soit libre; et cependant de sa liberté même résulte un autre péril, contre lequel l'historien doit se tenir en garde. Les partis ne sont pas plus infail-

---

[1] M. J. V. Le Clerc, *Des journaux chez les Romains*, pag. 189 et suiv.

libles que les gouvernements : ils ont aussi leurs passions, leurs préjugés, leurs caprices. Chaque événement
se teint de mille couleurs, vu à travers les opinions diverses. D'ailleurs, même en le supposant impartial, le
journal est-il toujours bien placé pour voir les faits tels
qu'ils sont? N'est-il pas souvent réduit à mettre des con-
jectures à la place de la réalité? Ajoutons que les grands
événements, ceux qui portent en eux l'avenir du monde,
perdent à être mis en lambeaux et racontés en détail à
mesure qu'ils se passent : ils veulent être vus d'ensemble
et à distance; ils ne peuvent être justement appréciés
que lorsqu'ils sont accomplis.

En consultant les journaux publics, il ne faut pas
négliger les journaux privés, ces tablettes historiques
que leurs auteurs ne destinaient point à une publicité
immédiate, et où ils ont inscrit, jour par jour, tout ce
qui se passait autour d'eux. Le *diarium* de Burchard,
proto-notaire du Saint-Siége, nous retrace le tableau
de la cour de Rome à la fin du xve siècle. Le journal
des états-généraux de 1484, rédigé par Masselin, est un
des rares et curieux monuments de notre vieille histoire
politique [1]. L'auteur avait été témoin de ce qu'il raconte,
comme député ecclésiastique du bailliage de Rouen ; il
avait pris une grande part aux débats, et son ouvrage
contient à la fois de piquants détails sur la physionomie
de l'assemblée et d'utiles renseignements sur notre ancien droit public. C'est dans cette classe de documents

---

[1] J. MASSELIN , *Journal des États-généraux de France tenus à
Tours en* 1484, dans la Collection de documents inédits sur l'histoire
de France, Imprimerie royale, 1835.

que rentrent le journal de Louise de Savoie, mère de François Ier, les journaux des règnes de Henri III et de Henri IV, par Pierre de l'Estoile, et les mémoires de Dangeau sur la cour de Louis XIV. Ces ouvrages contiennent sans doute bien des faits minutieux, sans intérêt pour la postérité ; mais ils ont l'avantage d'être empreints de l'esprit du temps et de le communiquer à l'historien.

Il y a des mémoires particuliers qui, sans affecter la forme d'un journal, contiennent le récit développé des faits contemporains. Ces mémoires ont un grand intérêt quand ils émanent de personnages qui ont participé aux événements, comme les commentaires de César, les mémoires des frères du Bellay, ceux de Montluc, ou ceux du cardinal de Retz. « C'est tousjours plaisir, dit Montaigne, de veoir les choses escriptes par ceulx qui ont essayé comme il les fault conduire [1]. » Mais on doit écarter avec soin tous ces mémoires apocryphes, dont l'Europe a été inondée depuis le xviie siècle. Il faut en outre se défier de l'intérêt que l'auteur pouvait avoir à nous tromper. Si celui qui a pris part aux événements est censé les bien connaître, et, à ce titre, mérite notre confiance, il doit en même temps nous être suspect comme témoin intéressé. Asinius Pollion a relevé plusieurs erreurs dans les commentaires de César : il accuse le vainqueur des Gaules d'avoir admis trop légèrement les rapports de ses officiers, et d'avoir quelquefois altéré les faits, soit faute de mémoire, soit à dessein [2]. Mon-

---

[1] MONTAIGNE, *Essais*, II, 10.

[2] Pollio Asinius parum diligenter parumque integra veritate composi-

taigne a jugé l'ouvrage des frères du Bellay avec une judicieuse sévérité[1]. Il est certain que les mémoires sont loin d'avoir l'autorité des pièces originales, surtout de celles qui devaient rester secrètes. Les mémoires, destinés à être publiés soit du vivant de leurs auteurs, soit après leur mort, ont généralement pour but de défendre des intérêts particuliers. Ce sont des *factums* écrits pour prévenir l'opinion du juge, et le juge ne doit prononcer son arrêt qu'après avoir entendu toutes les parties.

Nous arrivons aux historiens proprement dits. L'historien se propose quelque chose de plus haut que l'annaliste ou l'auteur de mémoires. Il ne se contente pas, comme le premier, d'exposer les faits dans l'ordre chronologique ; il ne se borne pas, comme le second, à mettre en ordre quelques détails biographiques, ou à raconter minutieusement quelque entreprise dont il a été le témoin. Il prétend apprécier les faits en même temps qu'il les raconte, et reproduire le mouvement des

tos J. Cæsaris Commentarios putat : cum Cæsar pleraque et quæ per alios erant gesta, temere crediderit, et quæ per se, vel consulto, vel etiam memoria lapsus, perperam ediderit. (SUÉTONE, *J.-César*, 54.)

[1] Il ne se peult nier qu'il ne se descouvre évidemment en ces deux seigneurs icy un grand deschet de la franchise et liberté d'escrire qui reluit ès anciens de leur sorte, comme au sire de Joinville, domestique de sainct Louis, Eginard, chancelier de Charlemagne, et de plus fresche mémoire en Philippe de Commines. C'est icy plustost un plaidoyer pour le roy François contre l'empereur Charles cinquiesme, qu'une histoire. Je ne veulx pas croire qu'ils ayent rien changé quant au gros des faicts ; mais de contourner le jugement des événements, souvent contre raison, à nostre advantage, et d'obmettre tout ce qu'il y a de chatouilleux en la vie de leur maistre, ils en font mestier. (MONTAIGNE, *Essais*, II, 10.)

affaires humaines dans leur variété infinie [1]. Mais plus sa tâche est élevée, plus elle est difficile, et plus il faut se défier des erreurs qui ont pu se glisser dans son récit. Avant d'en croire la parole d'un historien, demandons-nous où il a puisé les éléments de son œuvre, et quels ont été ses moyens d'instruction. Nous avons besoin de savoir où il est né, dans quel temps il a vécu, quelle a été sa fortune, quelles fonctions il a remplies. Ce que nous avons dit des auteurs de mémoires s'applique naturellement à l'historien. S'il a joué un rôle dans les faits qu'il raconte, c'est une présomption en sa faveur ; mais c'est aussi une cause de suspicion légitime. N'a-t-il pas altéré les faits dans son intérêt particulier ? ou, s'il a su se défendre des affections égoïstes, n'a-t-il pas sacrifié la vérité à ses amis ou à sa patrie ? On a reproché à Guicciardini d'avoir raconté froidement, et comme malgré lui, les victoires de Charles VIII et de ses successeurs, tandis qu'il faisait ressortir avec un soin malicieux les moindres échecs éprouvés par les Français [2].

Après l'*historien acteur*, vient l'*historien témoin*. Celui-là, plus dégagé d'intérêt personnel, inspire en général plus de confiance ; mais par cela même qu'il n'a été que spectateur, n'a-t-il pas été moins bien informé ? Combien de ressorts secrets ont dû lui échapper ! En troisième

---

[1] G. J. Vossius, *De arte historica*, cap. I, et II.—Mably, *De la Manière d'écrire l'histoire*, Ier entretien.

[2] Guicciardinus tam frigide invitusque Gallorum victorias et gloriam narrat, quam accurate lubensque adversa quæque, quantumvis minima, a fortunæ potentissimo belli numine ejaculata. (C. Duverdier, ap. Bayle, art. *Guicciardini*.)

ligne se présentent les *historiens auditeurs de témoins,*
c'est-à-dire ceux qui n'ont point vu les faits, mais qui
les ont recueillis de la génération contemporaine. Il y
a déjà lieu de craindre ici quelque altération de la vérité ; car le fait a déjà pu se modifier deux fois : dans
la déposition du témoin, et sous la plume de l'historien.
Mais si l'on descend au-dessous des auditeurs de témoins,
il n'y a plus qu'incertitude et confusion. L'historien
n'écrit plus que sur des ouï-dire, sur des traditions, qui
s'altèrent de génération en génération[1].

Cependant les histoires écrites à une grande distance
des faits ont encore droit à la confiance publique, si
l'auteur a découvert des monuments ou des relations
contemporaines, ou bien encore s'il a tiré des relations
ou des monuments déjà connus des lumières qu'on n'y
avait point aperçues avant lui. Arrien a écrit l'expédition d'Alexandre quatre siècles après qu'elle a été accomplie, et son livre est regardé comme la plus véri-
dique histoire du conquérant[2], parce qu'il a pris pour
base de son récit les mémoires d'Aristobule et ceux de
Ptolémée. D'ailleurs, l'histoire sincère et complète n'est
pas toujours possible au moment même où les événements viennent d'avoir lieu. Quelquefois les monuments
les plus précieux, les pièces originales ne sont point
accessibles aux générations contemporaines. C'est ce qui
arrive surtout dans les temps modernes, où tous les
faits ne se passent point à la lumière du soleil, et où

[1] Volney, *Cours d'histoire,* 3e leçon.
[2] Sainte-Croix, *Examen critique des historiens d'Alexandre,* in-4º,
p. 88 et suiv.

tant de secrets dorment longtemps dans la poussière des archives. Il a fallu plus d'un siècle et une révolution, pour livrer à l'Europe les mystères de la diplomatie de Louis XIV.

Nous devons nous demander non seulement quels moyens d'instruction l'historien avait à sa disposition, mais comment il a su s'en servir ; si son esprit était assez pénétrant, assez ferme, assez libre de préjugés, pour distinguer l'erreur de la vérité. Nous ne pouvons le croire, aujourd'hui, que s'il a été lui-même incrédule à propos. Enfin, nous devons soumettre sa véracité à une épreuve sévère [1]. Ce n'est pas assez qu'il ait eu la main pleine de vérités ; encore faut-il qu'il ait voulu l'ouvrir, et que ni l'ambition, ni la crainte, ni l'amour, ni la haine n'aient eu d'influence sur ses écrits. L'historien ne doit appartenir, dit Lucien, à aucun état, ni à aucun roi : il ne reçoit la loi que de lui-même [2]. Qu'importe que Ctésias ait passé dix-sept ans à la cour de Perse, et qu'il ait pu consulter à son gré les archives royales, s'il était, par son caractère comme par sa position, dans la dépendance du grand roi, s'il redoutait Artaxercès, dont il était le médecin, ou s'il espérait recevoir, pour salaire de ses éloges, la robe de pourpre des Perses, avec un collier d'or et un cheval Niséen [3] ?

C'est surtout quand il s'agit de guerre civile et de

---

[1] Quis nescit primam esse historiæ legem, ne quid falsi dicere audeat, deinde ne quid veri non audeat, ne qua suspicio gratiæ sit in scribendo, ne qua simultatis ? (Cic. *De orat.* II, 15.)

[2] Ἄπολις, ἀβασίλευτος, αὐτόνομος. (Lucien, *Quo modo historia conscribenda sit*, 41.)

[3] Lucien, 39.

révolution, qu'il importe d'examiner de près la véracité des historiens. Trop souvent, en effet, on défigure les intentions des vaincus, et l'histoire n'est plus qu'un hymne en l'honneur des vainqueurs. Tite-Live n'a-t-il point omis quelques faits glorieux pour le dernier des Tarquins? Les chroniques modernes n'ont-elles pas exagéré les crimes de Christiern II? « Malheur, a dit Montesquieu, à la réputation de tout prince qui est opprimé par un parti qui devient le dominant, ou qui a tenté de détruire un préjugé qui lui survit[1]. » Ce n'est pas que l'historien doive récriminer contre le vainqueur, car ce serait récriminer contre la providence ; mais il doit tenir la balance égale entre les partis, et rendre justice à chacun selon son droit.

Ce n'est pas toujours par des motifs immoraux que les historiens altèrent la vérité : il y en a qui mentent pour faire preuve d'esprit, et pour rendre le récit dramatique. C'est ainsi que Clitarque et Stratoclès avaient ajouté à la mort de Thémistocle des circonstances de leur invention[2]. D'autres se croient permis de supprimer des faits ou d'en ajouter, pourvu que de l'en-

---

[1] Montesquieu, *De la Grandeur et de la Décadence des Romains*, chap. I.

[2] Concessum est rhetoribus ementiri in historiis, ut aliquid dicere possint argutius.... Sic Clitarchus, sic Stratocles de Themistocle finxit ; nam quem Thucydides, qui et Atheniensis erat, et summo loco natus, summusque vir, et paulo ætate posterior, tantum mortuum scripsit, et in Attica clam humatum, addidit fuisse suspicionem veneno sibi conscivisse mortem : hunc isti aiunt, cum taurum immolavisset, excepisse sanguinem patera, et, eo poto, mortuum concidisse. Hanc enim mortem rhetorice et tragice ornare potuerunt : illa mors vulgaris nullam præbebat materiem ad ornatum. (Cic. *De claris orat.* 11.)

semble des événements il sorte une leçon de morale, une conclusion philosophique. Ainsi, dans Xénophon, Cyrus, au lieu de conquérir l'Asie à la tête d'une tribu guerrière, règne légitimement sur les Mèdes comme héritier de Cyaxare ; et, au terme de sa carrière, au lieu d'aller chercher, au nord de l'Iaxarte, une fin digne d'un conquérant, il meurt tranquillement dans son lit, dissertant sur l'immortalité de l'âme, à la manière de Socrate. Aussi, la Cyropédie ne passait-elle pas chez les anciens pour un livre vraiment historique. C'était, selon Diogène de Laërte, un traité de politique, que l'auteur avait prétendu opposer à la République de Platon [1]. Cicéron regardait le Cyrus de Xénophon, non comme un personnage réel, mais comme le type d'un bon roi [2]. De tels ouvrages, quel que soit le génie de leurs auteurs, nous inspireront peu de confiance ; car ce n'est point la vérité philosophique, c'est la réalité historique que nous cherchons.

L'autorité des historiens se mesure, comme celle des témoins devant la justice, à leurs moyens d'instruction, à leurs lumières et surtout à leur véracité. En cas de contradiction, nous croirons de préférence celui qui, sous ce triple rapport, nous offrira le plus de garanties. Les témoignages doivent être pesés plutôt que comptés. Cependant le nombre des témoins doit aussi être pris en considération. Un fait n'est jamais bien établi, tant qu'il ne repose que sur un seul

[1] Diog. Laert., *Platon.*

[2] Cyrus ille a Xenophonte non ad historiæ fidem scriptus, sed ad effigiem justi imperii. (Cic. *Epist. ad fratrem Quint.*, I, 1.)

témoignage : *testis unus, testis nullus*. Si au contraire le même fait est attesté par un grand nombre , il y a présomption en faveur de sa réalité.

L'histoire n'est pas tout entière dans les historiens, et il faut encore la chercher ailleurs. Les philosophes, les orateurs, les poëtes même veulent être interrogés comme expression de leur temps. D'ailleurs, sans faire profession d'écrire l'histoire , ils laissent quelquefois échapper d'heureuses révélations sur les événements contemporains ou sur les origines de leur nation. Où trouver, si ce n'est dans la Politique d'Aristote, la connaissance approfondie des gouvernements de l'antiquité? Pour bien connaître Athènes sous les trente tyrans , la lecture de Lysias est aussi nécessaire que celle de Xénophon. L'histoire de la Grèce, au temps de Philippe , est dans les harangues d'Eschine et de Démosthène autant que dans les écrits de Diodore et de Plutarque. Les meilleurs documents que nous possédions sur les guerres civiles de Rome , ce sont les discours et surtout les lettres de Cicéron. Il est vrai qu'en consultant les orateurs, l'historien doit vérifier leurs assertions , souvent dictées par la passion et par l'intérêt.

Le meilleur ou plutôt le seul historien de la Grèce héroïque, c'est son poëte , c'est Homère, dont les peuples invoquaient le texte sacré dans leurs querelles intestines [1]. Combien de piquantes notions ne trouve-t-on point sur les mœurs , les arts, les lois d'Athènes, dans

---

[1] Neque est ignobile exemplum, Megareos ab Atheniensibus, cum de Salamine contenderent, victos Homeri versu, qui tamen ipse non in omni editione reperitur, significans Ajacem naves suas Atheniensibus junxisse.

Aristophane et dans les fragments des comiques !
Quelques vers des *Nuées* prouvent que l'usage des verres
ardents était connu à Athènes au temps de Socrate [1].
On voit, par un passage des *Guêpes*, que le nombre des
juges désignés par le sort s'élevait jusqu'à six mille, et
qu'il en résultait pour l'Etat une dépense annuelle de
cent cinquante talents [2]. C'est Pline le naturaliste qui,
à propos des métaux et des différentes propriétés du fer,
nous a révélé le véritable dénouement de la guerre de
Porséna, et ce traité honteux où il était interdit aux
Romains de se servir du fer pour tout autre usage que
pour celui de l'agriculture [3]. Un poëte du iv° siècle,
Prudence, nous a laissé le tableau de cette mémorable
séance du sénat romain où fut décidée la plus haute
question qui ait jamais été soumise à une assemblée

(QUINTILIEN. V, 11.) — Philomèle, au moment d'engager la guerre contre
les Amphictyons, s'autorisait de trois vers d'Homère (*Iliade*, II, 517 et
suiv.) qui prouvaient, selon lui, les droits antiques des Phocéens à la
propriété du temple de Delphes.

[1]

Ἤδη παρὰ τοῖσι φαρμακοπώλαις τὴν λίθον
Ταύτην ἕωρας, τὴν καλὴν, τὴν διαφανῆ,
Ἀφ' ἧς τὸ πῦρ ἅπτουσι; — Τὴν ὕαλον λέγεις;
— Ἔγωγε — Φέρε, τί δῆτ' ἄν; — Εἰ ταύτην λαβών,
Ὁπότε γράφοιτο τὴν δίκην ὁ γραμματεὺς,
Ἀπωτέρω στὰς ὧδε πρὸς τὸν ἥλιον,
Τὰ γράμματ' ἐκτήξαιμι τῆς ἐμῆς δίκης.
(ARISTOPH. *Nub.* 776-782.)

[2]

Ἀπὸ τούτων νῦν μισθὸν κατάθες τοῖσι δικασταῖς ἐνιαυτοῦ
Ἐξ χιλιάσιν, κοὔπω πλείους ἐν τῇ χώρᾳ κατένασθε,
Γίγνεται ὑμῖν ἑκατὸν δήπου καὶ πεντήκοντα τάλαντα.
(ARISTOPH. *Vesp.* 661-663.)

[3] In fœdere quod expulsis regibus populo romano dedit Porsena,
nominatim comprehensum invenimus, ne ferro nisi in agricultura uteren-
tur. (PLIN. XXXIV, 39.)

délibérante , la question de savoir quelle religion régnerait désormais dans Rome, celle du Christ ou celle de Jupiter [1]. Un savant académicien a retrouvé dans quelques vers de Fortunat l'échelle des rangs auxquels pouvaient parvenir les Gallo-Romains, sous les premiers rois mérovingiens [2]. C'est au même poëte que nous devons la première mention positive de l'écriture runique [3]. Les chants des trouvères et des troubadours peuvent seuls nous faire connaître le réveil de l'esprit moderne en Occident ; et l'Italie au xive siècle, pâle et défigurée dans les chroniques, n'est-elle pas vivante dans les poésies de Dante et de Pétrarque ?

L'étude des langues et des littératures est indispensable à l'historien. Il en est des peuples comme des individus : si nous ne communiquons avec eux que par interprète, nous ne parviendrons jamais à saisir leur pensée intime. Les meilleurs documents peuvent nous égarer quand nous ne les voyons qu'à travers les voiles d'une traduction. Et ce n'est point assez de connaître les langues à un moment donné, il faut savoir quelles vicissitudes elles ont subies. Tel mot, qui se rencontre dans un vieux titre, a plusieurs fois changé de sens, et,

---

[1] Aspice quam pleno subsellia nostra senatu
Decernant infame Jovis pulvinar et omne
Idolium longe purgata ex urbe fugandum.
(PRUDENT. *Cont. Symmachum*, I, 20.)

[2] M. NAUDET, *De l'État des personnes en France sous les rois de la première race*, dans les Mémoires de l'Académie des Inscriptions et Belles-lettres.

[3] Barbara fraxineis pingatur runa tabellis,
Quodque papyrus agit, virgula plana valet.
(VEN. FORTUNATUS, VII, 18.)

si nous ne l'interprétons pas à sa date, nous courons le
risque de ne comprendre qu'à demi ou de ne point
comprendre du tout le fait qu'il représente. D'ailleurs,
il y a des rapports étroits entre la destinée des langues
et celle des peuples. Voyez, par exemple, la formation
des langues modernes, à l'époque du démembrement
de l'empire d'Occident : au nombre des mots latins
conservés dans chaque idiome nouveau, ne peut-on pas
mesurer l'influence qui appartient dans chaque pays à
l'ancienne population et aux institutions romaines ? Les
expéditions militaires, quand elles se prolongent pendant un certain nombre d'années, laissent une trace
profonde dans l'idiome du peuple conquérant et dans
celui du peuple envahi. C'est ainsi qu'après la fonda-
tion du nouvel empire latin, au xiiie siècle, la langue
grecque admit un grand nombre de locutions barbares [1], tandis qu'elle-même communiquait aux peuples
de l'Occident quelques-uns de ses tours et de ses ex-
pressions antiques. Les révolutions, soit religieuses,
soit politiques, ont un reflet dans le langage contemporain. Il n'y a pas jusqu'à la Fronde, cette révolution avortée, qui n'ait payé son tribut à la langue, en
créant des mots qui nous sont restés. L'historien ne
saurait donc rassembler les matériaux de son œuvre
qu'en se livrant à de sérieuses études philologiques.
Qu'il pèse les mots jusqu'au scrupule ; car c'est de la
parfaite connaissance des mots que dépend l'intelligence des choses, et par conséquent la fidélité du récit.

---

[1] Du Cange, *Glossar. ad script. med. et inf. Græcitatis.* — *Chron.
de Romanie*, dans la collection de M. Buchon.

Quand l'érudition et la critique ont réuni des documents dignes de foi, la science est encore à faire. Il faut coordonner ces éléments, les combiner, les presser, et en faire sortir l'instruction morale qui est cachée dans le passé. Pour réussir dans cette partie de son travail, l'historien doit être pourvu de certaines qualités naturelles, que l'art ne saurait suppléer. Lucien veut qu'il ait la vue perçante, l'intelligence politique[1], qu'il soit capable de mettre la main aux affaires, s'il en était chargé[2]. Esprit curieux et scrutateur, qu'il ne s'arrête point aux apparences; qu'il aille au fond des choses, mais qu'il sache les accepter telles qu'elles sont, et ne pas les voir à travers ses propres idées. « Les fines gents, dit Montaigne, remarquent bien plus de choses, mais ils les glosent; et, pour faire valoir leur interprétation et la persuader, ils ne se peuvent garder d'altérer un peu l'histoire. Ils ne vous représentent jamais les choses pures; ils les inclinent et masquent, selon le visage qu'ils leur ont veu[3]. » Semblable à un miroir qu'aucun souffle n'a terni, l'histoire doit tout réfléchir avec fidélité, laissant à chaque objet sa forme et sa couleur[4].

Pour bien comprendre le passé, il faut savoir résister non seulement à sa propre imagination, mais aux

---

[1] Σύνεσις πολιτικὴ, ἀδίδαχτόν τι τῆς φύσεως δῶρον. (LUCIEN, *Quomodo historia conscribenda sit*, 34.)

[2] Οἷς καὶ πράγμασι χρήσασθαι ἂν, εἰ ἐπιτραπείη. (LUCIEN, *Ibid.*, 37.)

[3] MONTAIGNE, *Essais*, I, 30.

[4] Μάλιστα δὲ κατόπτρῳ ἐοικυῖαν παρασχέσθω τὴν γνώμην, ἀθόλῳ, καὶ στιλπνῷ, καὶ ἀκριβεῖ τὸ κέντρον· καὶ ὁποίας ἂν δέξηται τὰς μορφὰς τῶν ἔργων, τοιαῦτα καὶ δεικνύτω αὐτά, διάστροφον δὲ, ἢ παράχρουν, ἢ ἑτερόσχημον μηδέν. (LUCIEN, 51.)

préjugés de son temps et de son pays. Montesquieu l'a dit avec raison : « Transporter dans des siècles reculés toutes les idées du siècle où l'on vit, c'est des sources d'erreur celle qui est la plus féconde [1]. » Que l'historien n'appartienne à aucune secte, à aucun parti ; que son esprit soit libre, et ne sacrifie qu'à la vérité [2]. Voltaire a loué Hume de ne s'être montré, dans son ouvrage, ni parlementaire, ni royaliste, ni presbytérien, ni anglican [3]. Bayle a été jusqu'à dire que *la perfection d'une histoire serait d'être désagréable à toutes les sectes et à toutes les nations* [4]. C'est aller trop loin ; car l'esprit humain est tellement fait pour la vérité, qu'il nous est impossible de ne pas l'aimer alors même qu'elle est contraire à nos intérêts. Au reste, qu'importe l'opinion présente ? l'historien ne pense point au temps où il vit : il écrit, comme dit Lucien, l'œil fixé sur le passé qu'il veut peindre, et sur la postérité qui doit le payer de ses travaux [5].

La science historique consiste, non pas à tout savoir, mais à savoir les choses dignes d'être sues. Il ne faut point imiter ces écrivains qui effleurent à peine les faits importants ou qui les passent, et qui réservent pour les petites choses une infatigable attention [6]. Il y a, dans

---

[1] MONTESQUIEU, *Esprit des lois*, XXX, 14.

[2] Ἐλεύθερος ἔστω τὴν γνώμην..... Μόνῃ θυτέον τῇ ἀληθείᾳ. (LUCIEN, 38 et 39.)

[3] VOLTAIRE, *Mélanges historiques*.

[4] BAYLE, *Dict. hist.* édit. in-folio, T. IV, p. 644.

[5] Πρὸς τοὺς ἔπειτα μᾶλλον σύγγραφε, καὶ παρ' ἐκείνων ἀπαίτει τὸν μισθὸν τῆς γραφῆς. (LUCIEN, 61.)

[6] Junio Cordo studium fuit eorum imperatorum vitas edere quos obscuriores videbat. Qui non multum profecit ; nam et pauca reperit et indigna memoratu, asserens se minima quæque persecuturum : quasi, vel de Tra-

toutes les affaires, un ou deux points essentiels, qui entraînent tout le reste et décident du succès. Trouver ces nœuds dans le présent et les délier, c'est ce qui constitue l'homme d'état ; les découvrir dans le passé, c'est ce qui constitue l'historien. Les détails qui ne mènent à rien, dit Voltaire, sont dans l'histoire ce que sont les bagages dans une armée, *impedimenta*[1]. Les petits faits ne doivent entrer dans le plan d'un historien que lorsqu'ils sont devenus importants par leurs conséquences. Les querelles domestiques de la reine Anne ne sont point par elles-mêmes un objet d'attention ; mais elles le deviennent parce qu'elles sont une des causes de la paix d'Utrecht, sans laquelle la France courait le risque d'être démembrée[2].

Ce que l'homme cherche avant tout dans l'histoire, comme dans le drame, c'est l'homme même ; c'est par là que le passé émeut profondément notre sympathie :

Homo sum ; humani nihil a me alienum puto.

Que l'historien étudie les mœurs et les usages de chaque siècle, les costumes, les armures, et tout ce qui caractérise les âges divers ; mais qu'il ne s'y arrête pas trop longtemps, et que l'homme ne disparaisse pas comme étouffé sous cette enveloppe matérielle. On a justement critiqué cet auteur italien qui, à propos du mariage de Valentine Visconti, a cru devoir dresser l'in-

---

jano, aut Pio, aut Marco sciendum sit, quoties processerit, quando cibos variaverit, et quando vestem mutaverit. (J. Capitolinus, *Op. Macrinus.*)

[1] Voltaire, *Fragments sur l'histoire*, art. XXIII.

[2] Voltaire, *Ibid. — Siècle de Louis XIV*, chap. XXII.

ventaire de tous les meubles de cette princesse, sans oublier son livre d'heures et son échiquier [1]. Il faut être sobre d'anecdotes, et ne s'attacher qu'à celles qui éclaircissent les événements, ou qui révèlent les caractères. On ne connaîtrait qu'à demi le génie de César et sa merveilleuse activité, si l'on ne savait qu'au milieu des travaux de la guerre, au son de la trompette et du clairon, le conquérant des Gaules a trouvé le temps d'écrire des traités de grammaire [2]. Le pape Jules II est tout entier dans ce mot à Michel-Ange, qui lui présentait le dessin de sa statue, et qui lui demandait s'il fallait lui mettre un livre dans la main : « Un livre? Non, non, mais une épée ; car je n'entends rien aux lettres. »

Rien n'est plus curieux ni plus instructif à étudier que la vie des grands hommes, véritables types de l'espèce, en qui tout est saillant, dont les facultés ont atteint leur plein développement, et dont la vie, agitée par tant de fortunes diverses, a rempli la mesure entière de la destinée humaine. Plusieurs écrivains modernes ont été accusés, avec raison, d'avoir caché l'histoire des nations sous celle des rois et des cours. De nos jours, on a suivi un autre système : on a rendu aux masses populaires la part d'action qu'elles ont exercée en réalité, et, à cet égard, il s'est opéré dans la science une révolution analogue à celle qui s'est accomplie dans l'ordre politique. Ainsi le voulait la justice. Cependant, gardons-nous de tomber d'un excès dans l'autre, de ra-

---

[1] Bernardino Corio, cité par M. Daunou, *Cours d'histoire.*

[2] De nominibus declinandis, de verborum aspirationibus et rationibus, inter classica et tubas, scripsit. (Front. *Epist. ad M. Anton. de bell. parth.*)

baisser toutes les hautes têtes au niveau de la foule, et de porter jusque dans l'histoire la manie de l'égalité.

Quand on a trouvé les faits qui ont droit à une étude particulière, il faut examiner avec soin toutes les circonstances qui s'y rapportent. L'époque où un événement s'est accompli veut être déterminée avec précision, ainsi que le lieu où il s'est passé [1]. La chronologie, qui repose non seulement sur les témoignages et les monuments, mais sur les observations astronomiques, est le lien des faits et la lumière de l'histoire. Quant à la géographie, personne n'ignore combien la position des peuples influe sur leur caractère et sur leur destinée. Quelle différence n'y a-t-il point entre l'habitant de la plaine et celui de la montagne ! Jetez les yeux sur ces vastes champs qui s'étendent du pied des Alpes aux bords de l'Adriatique : ce fut toujours le théâtre d'un mouvement perpétuel, et comme une grande voie par où tous les peuples ont passé. Gravissez, au contraire, ces rocs escarpés, citadelles que la nature a bâties d'un ciment indestructible : vous y trouverez des races immuables dans leurs mœurs et dans leur histoire, comme la base même de leurs montagnes. La Bretagne a beau devenir romaine : par de-là les murs d'Adrien et de Sévère, il reste, sur les sommets de la Calédonie, un peuple qui, selon la parole de Tacite, est, à l'extrémité du monde, le dernier gardien de la liberté [2] ; et, quelles

[1] Rerum ratio ordinem temporum desiderat, regionum descriptionem. (Cic. *De orat.* II, 15.)

[2] Nos, terrarum ac libertatis extremos, recessus ipse ac sinus famæ in hunc diem defendit. (Tacit., *Agricola*, 30.)

que soient les révolutions qui plus tard changeront la face du pays, ce peuple conservera dans ses déserts le dépôt de la vieille langue et des traditions galliques.

Le climat n'agit pas moins sur les peuples que la position géographique [1]. Il y a, dans l'atmosphère qui nous enveloppe et nous pénètre, une puissance à laquelle les nations ne peuvent pas plus se soustraire que les individus [2]. On retrouve les traces de cette influence à chaque page de l'histoire, soit dans les migrations et dans le travail matériel des peuples, soit dans les produits les plus nobles de l'activité humaine, tels que les religions, les gouvernements, les lois et les arts [3]. Les philosophes anciens, même les plus spiritualistes, ont reconnu que l'état social devait jusqu'à un certain point subir l'action du climat. Platon cite une loi carthaginoise qui défendait aux soldats de boire du vin [4]; au vII[e] siècle de notre ère, sous l'empire du même climat, Mahomet imposa la même abstinence à ses disciples.

Parmi les forces matérielles qui influent sur les actions humaines, l'organisation physique ne doit pas être oubliée. Pourrait-on comprendre la destinée des peuples, sans étudier leur origine, leur filiation, leur mélange, la persistance ou l'altération des types primitifs, et les conséquences morales qui en dérivent? Sans doute

---

[1] M. A. DE HUMBOLDT, *Fragments de Géologie et de Climatologie asiatiques*.

[2] Athenis tenue cœlum, ex quo acutiores etiam putantur Attici; crassum Thebis, itaque pingues Thebani et valentes. (CICÉRON, *De fato*, 4.)

[3] MONTESQUIEU, *Esprit des lois*, XIV. — M. COUSIN, Cours de 1828, 8e leçon.

[4] PLATON, *Lois*, II.

il ne faut point exagérer l'influence du sang, ni lui attribuer exclusivement toutes les révolutions dont le monde a été le théâtre ; mais il est certain que la science des races contient la solution d'un grand nombre de problèmes historiques [1].

Les anciennes annales, ces ébauches de l'histoire, se bornaient à indiquer les événements, sans remonter aux causes qui les avaient produits. Ce n'est point assez pour nous de savoir qu'une chose s'est faite : nous voulons savoir pourquoi et comment elle s'est faite [2]. Ce qui instruit dans l'histoire, ce qui forme l'homme d'état ou l'homme de guerre, ce n'est pas tant l'issue d'une entreprise que la manière dont elle a été conduite. Comment les Scipion, les Lucullus étaient-ils devenus d'habiles capitaines avant d'être sortis de Rome et d'avoir commandé des armées ? C'est qu'ils ne s'étaient point livrés, dit Mably, au stérile plaisir de lire de grandes actions de guerre et d'en orner leur mémoire : ils s'étaient appliqués à démêler les causes des succès ou des revers ; ils avaient examiné la tactique, la discipline, les

---

[1] M. W. F. Edwards, *Des caractères physiologiques des races humaines, considérés dans leurs rapports avec l'histoire.*

[2] Annales libri tantummodo quod factum quoque anno gestumve sit, id demonstrabant ; id est eorum quasi qui diarium scribunt, quam Græci Ἐφημερίδα vocant. Nobis non modo satis esse video, quod factum esset, id pronuntiare, sed etiam quo consilio quaque ratione gesta essent, demonstrare..... Scribere autem bellum, quo initum consule, et quomodo confectum sit, et quis triumphans introierit, non prædicare autem interea quid senatus decreverit, aut quæ lex rogatione lata sit, neque quibus consiliis ea gesta sint iterare, id fabulas pueris est narrare, non historias scribere. (Sempronius Asellio, ap. A. Gell., V, 18.) — Cf. Cic., *De Orat.*, II, 15, et Voss., *De arte historica*, 2.

armes des différents peuples , les secrets des généraux pour préparer la victoire ou pour réparer une défaite [1]. Le philosophe , qui cherche dans l'histoire la connaissance du cœur humain , ne se contente pas de savoir ce qui frappe les yeux : il veut pénétrer les causes secrètes des événements, et jusqu'aux intentions qui ont fait agir les personnages. C'était là , si nous en croyons un critique ancien, le grand art de Théopompe. Il excellait à lire au fond des âmes ces pensées cachées qui échappent aux regards du plus grand nombre , et à mettre à nu les mystères de la vertu apparente et du vice ignoré [2]. C'est ainsi que l'histoire devient une école de morale. Si l'on en retranche le *comment* et le *pourquoi*, ce qui en reste n'est bon, comme dit Polybe, qu'à exercer l'esprit : ce n'est point une science véritable [3].

Si l'étude des causes est, selon la belle expression de Bacon, l'âme de la science historique [4], il faut craindre de s'y tromper, et de prendre les causes apparentes pour les causes réelles. Souvent les faits se suivent dans l'or-

---

[1] MABLY, *De l'Étude de l'histoire*, première partie, chap. 1.

[2] Τὸ καθ' ἑκάστην πρᾶξιν μὴ μόνον τὰ φανερὰ τοῖς πολλοῖς ὁρᾶν καὶ λέγειν, ἀλλ' ἐξετάζειν καὶ τὰς ἀφανεῖς αἰτίας τῶν πράξεων, καὶ τῶν πραξάντων αὐτὰς καὶ τὰ πάθη τῆς ψυχῆς, ἃ μὴ ῥᾴδια τοῖς πολλοῖς εἰδέναι, καὶ πάντα ἐκκαλύπτειν τὰ μυστήρια τῆς τε δοκούσης ἀρετῆς καὶ τῆς ἀγνοουμένης κακίας. (DENYS D'HALICARNASSE, *Lettre à Cn. Pompée.*)

[3] Ἱστορίας γὰρ ἐὰν ἀφέλῃ τὶς τὸ διὰ τί, καὶ πῶς, καὶ τίνος χάριν ἐπράχθη, τὸ καταλειπόμενον αὐτῆς, ἀγώνισμα μὲν, μάθημα δὲ οὐ γίγνεται. (POLYBE, III, 31.)

[4] Ante omnia etiam id agi volumus (quod civilis historiæ decus est et quasi anima) ut cum eventis causæ copulentur. (BACON, *De augmentis scient.* II, 4.)

dre chronologique sans se produire les uns les autres.
C'est ainsi que, dans la nature, les phénomènes peuvent
se succéder sans avoir entre eux des rapports de cause
et d'effet. Gardons-nous donc de tomber dans l'erreur
commune : *Post hoc, ergo propter hoc.* L'occasion ne doit
pas non plus être confondue avec la cause. La prédica-
tion des indulgences a été l'occasion et non la cause de
la réforme. La conspiration de Babington a été le pré-
texte de la condamnation de Marie Stuart ; mais la cause
en est ailleurs : il faut la chercher non seulement dans
la rivalité personnelle des deux reines, mais dans l'état
des partis qu'elles représentaient, et dans la situation
générale de l'Europe. Les dangers du protestantisme
en Angleterre, l'assassinat du prince d'Orange dans
les Pays-Bas, les progrès de la Ligue en France,
et le traité de Joinville, conclu entre l'Espagne et
les Guise, voilà les événements qui ont amené le
sanglant sacrifice qu'Élisabeth n'a ordonné qu'en trem-
blant.

Il y a des causes indirectes et accessoires, auxquelles il
ne faut pas attacher plus d'importance qu'elles n'en mé-
ritent. Sous le règne de Charles Ier, au moment des
premières luttes du parlement contre la couronne, un
vaisseau était à l'ancre dans la Tamise, prêt à porter en
Amérique Hampden et Cromwell. Le navire allait
mettre à la voile ; tout à coup un ordre royal interdit les
émigrations. Hampden et Cromwell restent en Angleterre, l'un pour réclamer en faveur des lois oubliées,
l'autre pour briser ces vieilles lois devenues impuissantes,
et fonder son despotisme sur le triomphe de la liberté.
Dira-t-on qu'en retenant ces deux hommes dans leur

pays, le roi a été la cause du mouvement qui l'a préci-
pité du trône, et que si Hampden et Cromwell, portés
par un bon vent en Amérique, étaient devenus de mo-
destes planteurs dans la Caroline ou dans la Virginie,
Charles Ier aurait régné sans obstacle et serait mort dans
son lit? Il est évident que les révolutions qui changent
la face d'un pays ne dépendent pas des passions ou du
génie de quelques hommes ; elles tiennent à des causes
plus générales, et, à défaut de Hampden et de Cromwell,
d'autres *se seraient rencontrés*, qui auraient pris en
main la cause populaire, et levé l'étendard contre la
royauté.

Rien n'est plus complexe que les événements de ce
monde; qui veut les expliquer par une seule cause, s'égare
presque toujours. Il faut distinguer les causes purement
humaines, c'est-à-dire celles qui dérivent des idées de
l'homme, de ses passions, de sa volonté, et les causes naturelles, ou les circonstances extérieures qui ont tant
d'influence sur les événements. Puis, au dessus de ces
causes qui frappent nos yeux, il faut admettre une cause
invisible, quoique partout présente, dont l'homme et la
nature ne sont que les humbles instruments. Ce qui fait
la grandeur et la beauté de l'œuvre de Bossuet, ce qui
la fera survivre à toutes les découvertes de la science
historique, c'est qu'il n'a jamais séparé la liberté humaine de la Providence ; c'est qu'après avoir résumé à
grands traits les principaux événements de l'histoire, et
démêlé les causes secondaires avec une admirable saga-
cité, il a tout ramené à l'idée d'une puissance suprême,
qui maintient et gouverne le monde depuis qu'il est sorti
du néant.

Il est, je l'avoue, certains faits que nous ne savons à quelle cause rapporter, et que nous attribuons au hasard. Mais qu'est-ce que le hasard? Une cause impénétrable à l'intelligence humaine. Ce qu'on a coutume d'appeler le *hasard des combats*, n'est-ce pas la somme des forces matérielles et morales qui a donné l'avantage à l'un des deux partis, et qu'il n'est pas toujours possible d'apprécier exactement? N'est-ce pas surtout la décision, incertaine avant l'événement, de ce pouvoir inconnu qui préside aux destinées humaines, et que la tradition n'a point appelé en vain le *Dieu des armées?* Plus on approfondit les faits, plus on voit se réduire la part des causes fortuites. Dans l'histoire, comme dans la nature, tout a sa raison d'être, et, à proprement parler, il n'y a point de hasard pour qui croit à la Providence.

Quand on a présenté les faits avec leurs causes, il reste à en apprécier les résultats. S'agit-il des Croisades, l'historien ne remplirait sa tâche qu'à demi, s'il se bornait à nous raconter en détail ces héroïques expéditions qui ont renouvelé, au moyen âge, la querelle antique de l'Europe et de l'Asie, de l'Orient et de l'Occident. Il doit rechercher quelle influence les Croisades ont exercée sur l'Église, sur la politique européenne, sur le commerce, et même sur les sciences et les lettres. Mais, en constatant les résultats les plus éloignés, les plus indirects d'un grand fait historique, il ne faut pas s'imaginer qu'ils ont été tous prévus par les contemporains. C'est une erreur assez commune de nos jours : ainsi, parce qu'au temps des Croisades, l'absence de quelques seigneurs aura été favorable aux libertés lo-

·cáles, on supposera que les rois chrétiens ont porté la guerre en Orient, non pour délivrer le tombeau du Christ, mais pour abaisser la féodalité, et pour aider à l'affranchissement des communes. Chaque chose doit être remise à sa place, et il ne faut point confondre les conséquences d'un événement avec les causes qui l'ont produit.

Dans les sciences d'observation, toutes les fois que l'on a recueilli un certain nombre de faits particuliers, on sent le besoin de les classer et d'en tirer une conclusion générale. « Notre intelligence, dit Bacon, tend sans cesse aux idées générales; car c'est là seulement qu'elle peut se reposer [1]. » L'histoire n'échappe point à cette loi, qui tient à la nature même de l'esprit humain. « En érudition comme dans les sciences physiques, a dit un de nos plus savants philologues, un fait isolé ne signifie rien; pour qu'il serve à quelque chose, il faut parvenir à l'assimiler à d'autres faits de même nature, il faut entrevoir la relation qui les unit, c'est-à-dire faire un système dans la vraie et bonne acception du mot [2]. » Et l'auteur que je viens de citer, joignant l'exemple au précepte, après avoir étudié les monuments de l'Égypte, interrogé ses ruines, restitué ses inscriptions mutilées, est arrivé à cette conclusion, si précieuse pour l'histoire, que « *les Égyptiens, au moins jusqu'au siècle des Antonins, ont conservé, sans modifica-*

[1] Gestit enim mens exsilire ad magis generalia, ut acquiescat. (BACON, *Nov. organ.* I, 20.)

[2] M. LETRONNE, *Recherches pour servir à l'histoire de l'Égypte,* Introduction, p. xlvij et suiv.

tions essentielles, la religion et les arts de leurs ancêtres [1]. »

Il y a quelques années, dans un de ces cours dont le souvenir ne périra point, un illustre professeur entreprit d'expliquer un des faits les plus graves et en même temps les plus obscurs de notre histoire nationale, l'origine du *Tiers-État*. Il commença par analyser les actes officiels du xiie siècle, les chartes et les diplômes, premiers titres historiques de la bourgeoisie française. Puis, à travers la variété de ces actes, appropriés aux besoins des localités, il démêla quelques caractères essentiels. Dans les uns, il était question de coutumes et de libertés municipales, comme de faits anciens, incontestés, dont la forme avait pu se modifier selon les circonstances, mais dont le principe remontait à l'époque de la domination romaine. D'autres actes accordaient à certaines villes des priviléges et des immunités, mais sans leur conférer une juridiction indépendante. Enfin, il y avait des actes qui constituaient des *communes*, c'est-à-dire qui reconnaissaient aux habitants le droit de se confédérer, de nommer leurs magistrats, en un mot, d'exercer dans l'enceinte de leurs murs une sorte de souveraineté. M. Guizot examina ensuite les relations historiques, et y découvrit des faits qui correspondaient à ces trois espèces de monuments. Ce fut ainsi qu'il parvint à établir la triple origine du Tiers-État : 1° les cités municipales, 2° les villes privilégiées, 3° les communes proprement dites [2]. Cette classification, obtenue

[1] M. Letronne, *Loc. cit.*
[2] M. Guizot, *Cours d'histoire moderne, Hist. de la Civilisation en France*, T. V, p. 121 et suiv.

par une méthode rigoureuse, a mérité de devenir classique dans la matière ; l'exactitude en a été démontrée par les nombreuses découvertes qui se sont faites récemment sous les auspices de M. Augustin Thierry [1].

On sent tout ce qu'il faut de réserve, de justesse d'esprit et surtout d'études antérieures pour résumer, sous une formule générale, un grand nombre de faits particuliers. Bacon se plaint que dans toutes les sciences on se hâte de fonder des principes généraux sur quelques particularités insignifiantes et recueillies au hasard. Il avoue que ces *généralisations anticipées* ont de grandes chances de succès : comme elles reposent sur un petit nombre de faits, à la portée de tout le monde, elles éblouissent l'esprit et saisissent l'imagination, tandis que les vrais axiomes, fondés sur une multitude de faits péniblement amassés, ne sauraient produire sur l'entendement une impression aussi soudaine et aussi vive. C'est pourtant là qu'il faut revenir ; car les vagues généralités sont stériles en résultats ; les axiomes légitimes peuvent seuls fonder la science et la féconder [2].

Ce que le père de la philosophie expérimentale disait, il y a plus de deux siècles, de toutes les branches des

---

[1] M. Augustin Thierry, *Rapport adressé, le 10 mars 1837, à M. le Ministre de l'instruction publique sur les travaux de la collection des monuments inédits de l'histoire du Tiers-État.* — Id., *rapport du 6 mai 1838.*

[2] Axiomata quæ in usu sunt, ex tenui et manipulari experientia et paucis particularibus, quæ ut plurimum occurrunt, fluxere... Anticipationes naturæ, ex paucis collectæ iisque maxime quæ familiariter occurrunt, intellectum statim perstringunt et phantasiam implent; ubi contra interpretationes ex rebus admodum variis et multum distantibus sparsim

connaissances humaines, nous pouvons aujourd'hui l'appliquer à la science du passé. L'historien est souvent dans la nécessité de caractériser, par des traits généraux, un homme, un peuple, une époque. Mais l'idée générale, qui n'est autre chose que la somme des notions particulières, ne doit point être conçue d'avance : l'histoire ne procède jamais *a priori*. Que toute assertion repose donc sur des faits bien constatés. Et ce n'est point assez que ces faits soient exacts ; il faut encore qu'ils soient nombreux. N'imitons point ces auteurs qui s'emparent d'un fait isolé, quelquefois même d'un fait exceptionnel, pour en faire la base d'une formule générale. Voltaire les a ingénieusement comparés à des voyageurs, qui, voulant tout juger en passant, prennent un abus de la loi pour la loi elle-même, une grossière coutume du bas peuple pour un usage de la cour [1].

L'esprit de système a prétendu donner une interprétation nouvelle à des faits jugés depuis longtemps, et réhabiliter certains personnages que l'opinion du genre humain avait justement flétris. La tyrannie des Césars a été présentée comme l'expression d'une idée politique ; leurs actes les plus odieux, les rapines, les meurtres, les violences de toute espèce, sont devenus des moyens de gouvernement, destinés à abaisser l'antique patriciat. D'où l'on a conclu que, sous les plus mauvais empereurs,

collectæ, intellectum subito percutere non possunt... Axiomata a particularibus rite et ordine abstracta, nova particularia rursus facile indicant et designant ; itaque scientias reddunt activas. (BACON, *Nov. organum* I, 25-28.)

[1] VOLTAIRE, *Mélanges historiques.*

les classes inférieures de la société romaine devaient
être parfaitement heureuses, et que ces princes, si du-
rement condamnés par l'histoire, avaient été absous par
le peuple. Un écrivain illustre, qui est en même temps
un éminent historien, a fait justice d'un tel paradoxe [1].
Ce qu'on a dit des Césars, et particulièrement de Tibère,
on l'a dit aussi de Louis XI, qui a plus d'un rapport
avec l'héritier de César-Auguste. Louis XI a combattu
l'aristocratie féodale ; donc tout ce qui n'était pas noble
a été heureux sous son règne ; donc le peuple a pleuré
à ses funérailles, et béni sa mémoire. Ces assertions sont
complétement démenties par les relations contemporaines [2], et par un témoignage plus imposant encore, par
les doléances du Tiers-État, qui, dans l'assemblée de
1484, se joignit aux deux ordres privilégiés pour réclamer la réforme des abus. Quand on décernait à Louis-
le-Gros le titre pompeux de *fondateur des communes*,
on généralisait mal à propos, en l'honneur de ce prince,
quelques faits mal connus et mal compris. C'est en te-
nant compte de tous les faits, et en les appréciant à leur
valeur réelle, que M. Thierry a rendu à la révolution
communale le caractère qui lui appartient [3].

Quand on examine avec attention certains événements,
tels que les révolutions ou les conquêtes, non seulement
dans un moment donné et sur un point du globe, mais
à plusieurs époques et chez plusieurs peuples, on dis-
tingue dans ces événements, outre la physionomie qui

[1] M. Villemain, *Biographie de Tibère.*
[2] *Journal des Savants,* octobre 1835, art. de M. Daunou.
[3] M. Augustin Thierry, *Lettres sur l'histoire de France.*

leur est propre, une marche identique et des caractères
communs ; on les conçoit d'une manière abstraite, in-
dépendamment des temps et des lieux où ils se passent,
et l'on arrive à établir des *lois historiques*. C'est un fait
partout observé, et par conséquent susceptible d'être
érigé en loi, qu'une révolution n'est durable qu'autant
que la nouvelle forme politique garantit mieux que
l'ancienne les intérêts et les droits du plus grand nombre. Lorsqu'un peuple s'est établi par la guerre sur un
territoire étranger, le vainqueur et le vaincu agissent
l'un sur l'autre en proportion de leur civilisation. Rome
victorieuse reçut les arts et les sciences de la Grèce.
Rome vaincue imposa aux Germains sa religion et ses
lois. Les Germains, à leur tour, ont porté chez les Slaves,
et au-delà des limites de l'Europe, ce que leur avait
transmis la société romaine [1]. On peut calculer presque
mathématiquement jusqu'à quel point le climat influe
sur les institutions humaines, et jusqu'à quel point aussi
le législateur peut résister au climat. C'est ce qu'a fait
Bodin dans sa *République*, et Montesquieu dans l'*Esprit
des lois*.

Pour ne point s'égarer sur ces hauteurs de la science,
l'historien doit employer ici l'induction, telle que Bacon
la recommande au philosophe, non pas celle qui procède par simple énumération, et dont les conclusions

[1] Dans un Mémoire qui n'est point encore imprimé, mais qui a été lu
récemment à l'Académie des sciences morales et politiques, M. MIGNET
a apprécié les conquêtes de la civilisation chrétienne chez les peuples germains, avec cette scrupuleuse exactitude et cette hauteur de vues qui
caractérisent son talent.

sont toujours précaires, mais celle qui confronte le plus
grand nombre de faits possible, et qui n'arrive à l'affir-
mation qu'après en avoir éprouvé la solidité [1]. Sans
doute, il est plus commode de prendre çà et là, dans le
vaste champ du passé, les faits qui sourient à notre imagination, d'amoindrir celui-ci, d'exagérer celui-là, de
supprimer ceux qui pourraient nous contredire ; mais
procéder de cette manière, ce n'est point reproduire
l'esprit des siècles, c'est sacrifier les faits à ses propres
idées, c'est anéantir l'histoire et substituer un fantôme
à la réalité.

Les lois historiques, une fois posées d'après les faits
passés, peuvent quelquefois servir à faire pressentir
ceux qui ne sont point accomplis. Turgot, jeune encore,
s'occupait, en Sorbonne, des plus hautes questions de
théologie, de philosophie et d'histoire, avec cet amour
du vrai et du bien qu'il porta plus tard dans la pratique des affaires et dans l'administration de l'État. Au
sein de ses tranquilles méditations, il découvrit quel-
ques-unes de ces lois qui président au développement
des sociétés humaines. Il calcula, par exemple, l'influence de la géographie naturelle sur la puissance des
empires, et il posa cet axiome, vérifié par tant de faits:
« Les états sont des unités dont la nature a tracé les li-

---

[1] Inductio quæ procedit per enumerationem simplicem res puerilis est,
et precario concludit, et periculo exponitur ab instantia contradictoria, et
plerumque secundum pauciora quam par est, et ex his tantummodo quæ
præsto sunt, pronuntiat. At inductio, quæ ad inventionem et demonstra-
tionem scientiarum et artium erit utilis, naturam separare debet per re-
jectiones et exclusiones debitas ; ac deinde, post negativas tot quot suffi-
ciunt, super affirmativas concludere. (Bacon, *Nov. organ.* I, 105.)

mites. Le droit public forme des puissances ; mais, à la longue, la géographie l'emporte sur le droit public, parce qu'en toute chose la nature finit par l'emporter sur les lois [1]. » Turgot avait aussi observé, dans l'antiquité comme dans les temps modernes, que les colonies, après avoir grandi sous l'aile de la métropole, s'en détachaient pour devenir des nations, et, à l'aide de cette loi, il a prédit, trente-trois ans d'avance, l'émancipation des États-Unis, presque avec autant de certitude qu'un astronome prédit l'éclipse d'une planète.

Ces axiomes, pour n'être jamais démentis par l'expérience, ne doivent s'appliquer qu'aux faits généraux ; et ce serait une grave erreur de vouloir ériger en lois jusqu'aux détails dont se compose le tissu de l'histoire. Parce qu'on aura remarqué que plusieurs peuples ont traversé de longues guerres civiles pour arriver à la liberté religieuse ou politique, établira-t-on en principe que toute transaction était impossible avant le combat ; que la lutte, avec ses sanglantes vicissitudes, était inévitable, et que les mêmes violences, les mêmes malheurs se reproduiront infailliblement toutes les fois qu'il y aura une nouvelle réforme à accomplir? Quand les passions religieuses vont diviser la France en deux camps, un homme nourri de science et de vertu, L'Hospital, se jette entre les deux partis, et veut terminer la querelle par les lois [2]. La guerre éclate malgré lui : il essaie d'en

---

[1] Turgot, *Esquisse d'un plan de Géographie politique*, œuvres complètes, T. II.

[2] M. Villemain, *Vie de L'Hospital.* — M. Ch. Lacretelle, *Histoire de France pendant les guerres de religion*, liv. V et VI.

amortir les coups; il se hâte de la terminer par des édits pacificateurs. Puis, lorsqu'il voit les traités rompus et la lutte qu'il croyait finie plus acharnée que jamais, il renonce au pouvoir, et va pleurer dans la retraite sur les malheurs qu'il n'a pu conjurer. L'Hospital était-il donc un insensé, pour avoir voulu épargner à son pays quarante ans de guerre civile? Avait-il à lutter non pas seulement contre les passions des hommes, mais contre une destinée inexorable, et fallait-il le plus pur sang de la France pour faire germer dans son sein le principe de la liberté religieuse? Non, sans doute; et quand même de tels accidents se seraient mille fois reproduits, la conscience s'indignerait à la pensée de les proclamer nécessaires. Ce qui doit être, c'est le progrès des idées, et le triomphe du droit. Tel est le but marqué par la Providence; mais pour les moyens d'y parvenir, Dieu les a livrés à la liberté de l'homme, qu'il a fait responsable de son choix.

De toutes les règles que nous avons essayé d'établir, il résulte que la science du passé se compose de deux choses distinctes, mais également indispensables, de la connaissance des détails, et de l'intelligence de l'ensemble. La première doit servir de base à la seconde : quand les éléments de la science sont réunis, quand ils ont passé au crible d'une sévère critique, il reste à les ordonner, à les classer, à se les approprier par les idées qu'on en fait sortir. Il faut savoir s'orienter dans cette *forêt de notions particulières* [1]; c'est à l'intelligence à en

---

[1] *Particularium silva.* (Bacon, *Nov. organum*, I, 99.)

sonder la profondeur, et à faire circuler partout la lumière. L'historien vraiment digne de ce nom doit donc réunir, au plus haut degré, des qualités qui semblent s'exclure mutuellement, la patiente investigation de l'étude et l'élan des plus hautes pensées. Grâce à cet heureux concours, en même temps que les faits s'amassent, l'esprit travaille à en pénétrer le sens, et la science historique s'élève comme une majestueuse pyramide, avec la philologie à la base et la philosophie au sommet.

Cette thèse sera soutenue et développée en Sorbonne, le   avril 1840, par C.-A.-D. FILON, *licencié ès-lettres, aspirant au grade de docteur.*

VU ET LU,

*à Paris, en Sorbonne, le 24 novembre 1839,
par le doyen de la Faculté des Lettres de Paris,*

J.-Vict. LE CLERC.

PERMIS D'IMPRIMER,

*L'inspecteur-général des études,
chargé de l'administration de l'Académie de Paris,*

ROUSSELLE.